Vele

121

CW01563575

© 2017 Giulio Einaudi editore s.p.a., Torino

www.einaudi.it

ISBN 978-88-06-22831-6

Diego Fusaro

Pensare altrimenti

Filosofia del dissenso

Giulio Einaudi editore

Indice

VI   Indice

A chi ha ancora il coraggio di camminare
con la schiena dritta
e di difendere fino alla fine le proprie idee

Pensare altrimenti

Non domandarci la formula
che mondi possa aprirti,
sí qualche storta sillaba e secca come un ramo.
Codesto solo oggi possiamo dirti,
ciò che non siamo, ciò che non vogliamo.

E. MONTALE, *Ossi di seppia*.

1.

Sentire altrimenti

> Un tempo non era permesso a nessuno di pensare liberamente. Ora sarebbe permesso, ma nessuno ne è piú capace. Ora la gente vuole pensare ciò che si suppone debba pensare. E questo lo considera libertà.
>
> O. SPENGLER, *Il tramonto dell'Occidente.*

La storia dell'umanità è storia di dissensi. Da sempre, sia pure in forme, con esiti e presupposti reciprocamente irriducibili, gli uomini si rivoltano.

Lo fanno in modi molteplici e stratificati, che difficilmente si lasciano ricondurre a un paradigma unitario: e che, non di meno, presentano come orizzonte comune l'opposizione, la protesta, la rivendicata antitesi rispetto a un ordine costituito o, piú semplicemente, a un «comune sentire» (*consensus*) che si pretende giusto o, comunque, il solo legittimo[1].

La rivoluzione e la ribellione, la defezione e la protesta, la rivolta e l'ammutinamento, l'antagonismo e il disaccordo, l'insubordinazione e la sedizione, lo sciopero e la disobbedienza, la resistenza e il sabotaggio, la contestazione e la sollevazione, la guerriglia e l'insurrezione, l'agitazione e il boicottaggio: sono tutte figure proteiformi del dissenso, espressioni plurali che trovano il loro fondamento nell'unica matrice del «sentire altrimenti» rispetto all'ordine, al potere, al discorso dominante.

Dissentí Prometeo dinanzi all'ordine divino che

---

[1] Cfr. F. DE SANCTIS, *Consenso-dissenso*, in G. ZACCARIA (a cura di), *Lessico della politica*, Lavoro, Roma 1987, pp. 96-105.

imponeva la subalternità dei mortali, e poi Socrate dinanzi alle leggi ingiuste della *polis* ateniese. Fu, in seguito, la volta di Spartaco al cospetto dell'iniquo ordinamento che sanciva la schiavitú sua e dei suoi compagni. Dissentirono Tiberio Gracco e Catilina, con l'*effrenata audacia* della sua congiura, e anche i ribelli che tolsero la vita a Cesare; successivamente i Ciompi e gli anabattisti, sia pure con esiti infausti.

Dissentirono Lutero e gli eretici medievali, poi Giordano Bruno e Giulio Cesare Vanini, dando prova imperitura del coraggio dell'essere contro. Dissenziente fu lo stesso Cristo, che, nel seguire il «regno dei Cieli», si oppose alle ingiustizie di quello terreno.

Dissentirono Cromwell in Inghilterra, i movimenti americani contro le guerre del Vietnam e della Corea, e Marx e Lenin contro le leggi del capitale. Dissentirono gli antifascisti in Italia e Pasolini contro il nuovo fascismo della civiltà dei consumi, i rivoluzionari nella Francia del 1789 e i russi nel 1917; ma, poi, ancora i dissidenti sovietici verso il comunismo mal realizzato e Nelson Mandela verso la segregazione, Martin Luther King, Che Guevara e, semplicemente disobbedendo, Gandhi.

Furono dissenzienti Sankara verso l'imperialismo occidentale in Africa, le generazioni del Sessantotto in lotta contro i padri, la «Rosa Bianca» rispetto al nazionalsocialismo, Peppino Impastato e Paolo Borsellino contro la mafia e i cecoslovacchi verso l'Unione Sovietica.

Ancora, in tempi piú recenti e in luoghi a noi piú vicini, dissentirono nel 2001 a Genova i «no Global» e dissentono, oggi, i siciliani contro il sistema di comunicazioni satellitari americano (Muos) e i piemontesi contro la linea ferroviaria ad alta velocità (Tav).

Già da questi esempi, scelti senza alcuna pretesa di

esaustività e in forma necessariamente impressionistica dalla multiforme galleria dell'avventura umana, affiora limpidamente come il dissenso corrisponda, a tutti gli effetti, a una costante della storia. Esso costituisce, per impiegare liberamente una categoria di *Essere e tempo* di Heidegger, un «esistenziale»[2]. L'essere-nel-dissenso, se volessimo ancora esprimerci variando le grammatiche heideggeriane, rientra tra le specificità piú proprie di quell'animale non stabilizzato e strutturalmente non stabilizzabile che è l'uomo.

In quanto «animale dissenziente», egli da sempre prende posizione rispetto al potere costituito e all'ordine simbolico dominante. Come già sapeva Spinoza[3], non vi sarà mai un dominio a tal punto pervasivo e capillare da estirpare in forma definitiva la capacità dell'uomo di resistere e di opporsi, di protestare e di ribellarsi.

A un'analisi non superficiale, pare che solo l'uomo, fra tutti gli esseri del creato, registri tra le proprie prerogative fondamentali il dissenso. Con le parole di Camus, «l'uomo è la sola creatura che rifiuti di essere ciò che è»[4], senza accontentarsi delle forme sociali, politiche e simboliche già esistenti.

Gli altri animali, dal canto loro, non dissentono, se non in forme basiche e strettamente legate al mondo della vita. L'uomo soltanto dissente quand'anche i suoi istinti primari siano stati soddisfatti, protestando, ribellandosi e percorrendo la via della rivoluzione o della

---

[2] Cfr. M. HEIDEGGER, *Essere e tempo*, Longanesi, Milano 2002[16], pp. 64-87 [ed. or. *Sein und Zeit*, 1927, §§ 9-13].

[3] B. SPINOZA, *Trattato teologico-politico*, in ID., *Tutte le opere*, a cura di A. Sangiacomo, Bompiani, Milano 2010, p. 1029 [ed. or. *Tractatus theologico-politicus*, 1670, 17, § 1].

[4] A. CAMUS, *L'uomo in rivolta*, Bompiani, Milano 2012[8], p. 13 [ed. or. *L'homme révolté*, 1951].

sovversione al cospetto di ordini politici ritenuti difformi rispetto a come potrebbero e dovrebbero essere.

A tutta prima, il dissenso sembra presentarsi come un concetto a tal punto vago e comprensivo da alludere a tutto e al suo contrario; da ospitare, entro il proprio orizzonte di senso, esperienze e figure sideralmente distanti tra loro: dalla vergogna individuale alla rivoluzione mondiale, dal giusto crocifisso in quanto «eretico» al brigante che dissente rispetto all'ordine legale, dall'azione organizzata all'inazione della semplice disobbedienza, dalla cultura alla politica, dall'arte fino alla «rivolta metafisica», come la qualificava Camus[5].

Eppure, oltre queste figure plurali e reciprocamente irriducibili al di là di ogni isomorfismo, si dà un orizzonte comune, un dispositivo del dissenso che, non risolvibile integralmente nelle figure in cui si incarna, è ciò che le rende possibili, dai Ciompi a Charta 77, dagli eretici dell'*aetas* cristiana alle Pantere Nere.

L'algoritmo segreto del dissentire pare potersi individuare in quel «dire-di-no» al potere, alla situazione data o all'ordine simbolico che, sorgendo anzitutto nella coscienza dell'individuo, si traduce in volontà di autonomia e di indipendenza, vuoi anche in anelito di liberazione e di avviamento di una storia alternativa.

In effetti, fin dal mito archetipico della filosofia occidentale, la caverna della *Repubblica* di Platone[6], la libertà è stata concepita come dinamica di liberazione da una situazione ingiusta e da un quadro ideologico ritenuto falso; dinamica che si attiva in nome di un dissenso originario, che induce il soggetto a mobilitarsi in vista di un altrove intenzionato dalla sua co-

---

[5] *Ibid.*, pp. 31-117.
[6] PLATONE, *Repubblica*, I, 516c, in ID., *Tutti gli scritti*, a cura di G. Reale, Bompiani, Milano 2000, p. 1239.

scienza anticipante, verso un'ulteriorità nobilitante condivisa con i suoi simili che fa apparire difettosa e contraddittoria la situazione presente[7].

Nel nesso simbiotico di verità e liberazione sembra, con diritto, potersi identificare la cifra della filosofia occidentale e, forse, l'esperienza storica dell'Occidente *tout court*, secondo una linea che dalla caverna di Platone porta all'Illuminismo kantianamente inteso come «uscita»[8] (*Ausgang*) dallo stato di minorità, transitando per il passo evangelico «la verità vi farà liberi» (*Gv* 8,32) e per le alterne vicende dei marxismi.

Occorre, da subito, precisare che il dissenso, che pure si declina politicamente nelle specifiche figure concettuali che da esso originano (la ribellione e la rivoluzione, la contestazione e la disobbedienza, la protesta e la dissidenza), è, per sua essenza, un gesto antecedente rispetto a tutte le sue configurazioni politiche.

E a chi, nel tentativo di definire il dissenso, menzionasse le sue forme concrete e plurali potrebbero verosimilmente rivolgersi le accuse che Socrate, nel *Menone* (77 a-b), muove al suo interlocutore, allorché questi, interrogato sull'essenza della virtú, risponde con esempi di condotta virtuosa e, per ciò stesso, «fa a pezzi» il concetto e «fa di una cosa molte» (πολλὰ ποιῶν ἐκ τοῦ ἑνός).

Il dissenso prende forma nel poliedrico arcipelago delle passioni e del sentire, come rivela la sua stessa radice semantica, che rimanda, appunto, a un sentire diversamente (*dissentio*) rispetto al modo comune. La sua sorgente originaria deve, dunque, essere ravvisata

---

[7] Su questo tema, mi permetto di rinviare al mio studio *Il futuro è nostro. Filosofia dell'azione*, Bompiani, Milano 2014.

[8] I. KANT, *Risposta alla domanda: che cos'è l'illuminismo?*, trad. di N. Merker, Editori Riuniti, Roma 1997[3], p. 48 [ed. or. *Beantwortung der Frage: Was ist Aufklärung?*, 1784].

nel sentire oppositivo e antagonistico, e di conseguenza in un moto dell'animo che si dirige *obstinate contra* rispetto a dove ci si attenderebbe si dirigesse se seguisse il suo corso «naturale». La cellula genetica del dissenso corrisponde, pertanto, a un *sentire altrimenti* che è già, virtualmente, un *sentire contro*: e che, per ciò stesso, può trapassare nelle figure concrete in cui il dissentire si cristallizza facendosi operativo.

Il dissenso, di conseguenza, può a giusto titolo essere inteso come l'elemento basico a partire dal quale vengono costituendosi, nella loro molteplicità prismatica, le forme dell'opposizione e dell'antagonismo, tutte diverse e, non di meno, accomunate nel loro fondamento, da quella scossa prerazionale che induce l'io a divergere e a conferire forma a tale gesto.

Non è quindi possibile considerare il dissenso come categoria concettuale della politica, né studiarlo incasellandolo nel lessico della filosofia politica, pena il ridurlo, per ciò stesso, a una delle figure specifiche a cui esso dà luogo (dalla rivolta alla rivoluzione, dalla disobbedienza alla ribellione), ma in cui non si risolve.

Un'operazione teorica di questo tipo sarebbe lecita, qualora il dissenso si configurasse, nella sua essenza, come una specifica realtà concettuale, dotata di un proprio nucleo teorico stabile e permanente, univocamente identificabile anche al di là delle concrete incarnazioni storiche in cui si è venuto sedimentando.

Ma al dissenso non appartiene un simile statuto. Prova ne è, oltretutto, che ogni qual volta si avanzi la pretesa di studiarlo sul piano politico, puntualmente lo si riduce ad altro, segnatamente a una o piú delle sue specifiche figure: per ciò stesso, si abbandona la ricerca sull'essenza del dissenso in quanto tale.

Vero è, comunque, che tutte le figure del dissentire, pur cosí diverse tra loro, sono accomunate dal fatto che la loro eventuale legittimazione può darsi esclusivamente *ex post*, quando la loro azione sia stata portata a compimento con successo. Come potrebbe, infatti, il potere accogliere come legittimo ciò che ne mina le fondamenta? Come potrebbe accettare nel quadro del proprio ordinamento la dissidenza e la rivoluzione, la disobbedienza e la rivolta?

Del dissenso, pertanto, non è possibile trovare una formula *more geometrico*, ma poi anche una «istituzionalizzazione». Esso è, per sua stessa natura, non istituzionale e, di piú, «anti-istituzionale»: lo si può, semmai, accostare alla figura hegeliana della «coscienza infelice», che avverte, in una dimensione preconcettuale legata anzitutto al sentire, l'alterità tra l'essere e il dover essere, tra la realtà e le sue possibilità inevase.

Per definizione, contesta l'ordine costituito, e rivela una secessione rispetto a esso che riguarda anzitutto l'individuo e la sfera della sua interiorità – la dimensione del sentire –, per poi farsi potenzialmente sociale ed estroflesso, dunque tale da organizzarsi nelle sue effettive figure prima evocate.

Oscillando tra lo spazio minimo della vergogna soggettiva di fronte a un'ingiustizia fino allo spazio massimo della rivoluzione che muta le geometrie dell'esistente e ridisegna un paesaggio sociopolitico, il dissenso è, come l'essere della *Metafisica* di Aristotele, πολλαχῶς, «detto in modi molteplici»[9]. Non ha un'unica radice, né una sola forma espressiva.

Non si lascia inquadrare, né esaurire, nel lessico della filosofia politica. Ma, al tempo stesso, presenta sempre una sua naturale espressività politica. Non vi è dissenso, infatti, che non istituisca quella polarità

[9] ARISTOTELE, *Metafisica*, a cura di G. Reale, Bompiani, Milano 2000, VII, 1028a, p. 287.

tra amico e nemico in cui, secondo l'analisi di Carl Schmitt[10], si condensa l'essenza della politica.

Essendo sempre rivolto contro qualcosa o contro qualcuno, e dunque configurandosi come una forma di disaccordo e di rivendicata opposizione, il dissenso è politico anche quando si presenta in contesti eterogenei, non immediatamente politici. D'altro canto, piú che come un concetto o una realtà teorica chiaramente definita, il dissentire può, con diritto, essere inteso come un'intensità che sorge nella coscienza del soggetto, come una forza legata all'ambito delle passioni piú che a quello dei concetti, come un moto che si origina anzitutto nell'individuo e che può, in seconda battuta, farsi sociale e organizzarsi in forme e figure eterogenee. Se proprio si desidera investigarlo dal punto di vista della politica, occorre esaminarlo nelle concrete figure in cui storicamente si è declinato, nelle stratificazioni in cui si è sedimentato, nelle forme alle quali ha dato vita e con le quali si è operativamente fatta, criticata, rovesciata e praticata la politica nel corso dell'avventura storica occidentale.

In tale accezione, il dissenso si configura, per cosí dire, come uno spazio ospitale in cui alcuni dei principali concetti della politica si sono intersecati e incontrati, scontrati e avvicendati: hanno trovato in esso la propria matrice e, insieme, non ne hanno esaurito mai completamente il significato e la pregnanza.

In questo aspetto risiede, peraltro, uno dei tratti paradossali legati alla nozione di dissenso. Quest'ultimo non si esaurisce nelle figure concrete in cui si determina e, insieme, non lo si può comprendere senza

---

[10] Cfr. C. SCHMITT, *Il concetto di politico*, in ID., *Le categorie del politico*, a cura di G. Miglio e P. Schiera, il Mulino, Bologna 1972, pp. 87-208 [ed. or. *Der Begriff des Politischen*, 1927].

analizzarle in quanto oggettivazioni storiche effettive del sentire altrimenti.

Se, tuttavia, si sofferma lo sguardo sul dissenso come intensità anteriore rispetto a ogni concettualizzazione e a ogni sua possibile traduzione in forma politica, se, cioè, lo si esamina a prescindere dalle sue concrete figure, allora esso, nel suo senso piú ampio o, se si preferisce, nel suo specifico orizzonte espressivo, si configura come una sorta di «potere destituente»[11]. È questa, forse, la sua cifra piú peculiare.

Se, specialmente dopo la svolta epocale della Rivoluzione francese, il potere si pensa e si pratica come «potere costituente», come forza in grado di porre in essere un nuovo ordine istituzionale nel cui spazio orchestrare e disciplinare i rapporti umani, il potere destituente fatto valere dal dissenso è, per sua natura, di segno inverso. Aspira, in primo luogo, non già a creare *ex novo* o a rinsaldare un ordine, bensí a destituire e a depotenziare il potere sussistente e l'ordine egemonico sia reale, sia simbolico.

Il gesto tipico del dissenso come figura del sentire altrimenti coincide con quel dire-di-no che rivela la mancata adesione del soggetto all'ordine reale e simbolico e, per ciò stesso, la sua potenziale contestazione. È, per sua essenza, interruzione individuale del consenso diffuso ed egemonico, messa in discussione di un ordinamento reale, ideale, valoriale che si pone come dominante, esclusivo o, comunque, maggioritario.

Questo non significa, tuttavia, che il gesto del dissentire si esaurisca nella figura del rifiuto e dell'oppo-

[11] AA.VV., *Piqueteros. La rivolta argentina contro il neoliberismo*, DeriveApprodi, Roma 2003. Cfr. R. LAUDANI, *Disobbedienza*, il Mulino, Bologna 2010, pp. 10-11.

sizione: esso, al contrario, nega per affermare e destituisce per ricostituire[12].

Il rifiuto è il primo momento della dialettica del dissenso, il cui ulteriore sviluppo, in positivo, consiste nell'affermazione del negato, dell'ostacolato, del represso, del disatteso e dell'ignorato, proposti come correttivo o come alternativa rispetto a ciò che c'è.

A differenza del consenso, che può essere passivo e strutturarsi nella forma dell'inerte accettazione, ricevendo piú propriamente il nome di assenso, il dissenso si dà solo come attivo e affermativo. Ed è quanto piú manca nel nostro tempo del consenso di massa e dell'omologazione generalizzata, ove tutti pensano e sentono il medesimo. Per questo, come adombreremo nella nostra trattazione, una considerazione storicofilosofica della figura del dissenso non può non comportare, in pari tempo, un'esplorazione critica dell'uniformazione globale delle coscienze che si sta oggi registrando nell'orizzonte del nuovo pensiero unico e del falso pluralismo democratico della civiltà occidentale.

Quest'ultimo moltiplica e frammenta il messaggio, affinché sia occultata quella sua natura intimamente totalitaria che nega in partenza ogni diritto a dissentire e a pensare altrimenti.

---

[12] Cfr. G. M. CHIODI, *Tacito dissenso*, Giappichelli, Torino 1990, p. 148.

2.

In principio fu il dissenso

E – vi preghiamo – quello che succede ogni
giorno non trovatelo naturale. Di nulla sia detto
«è naturale» in questi tempi di sanguinoso smar-
rimento, ordinato disordine, pianificato arbitrio,
disumana umanità, cosí che nulla valga come cosa immutabile.

                        B. BRECHT, *L'eccezione e la regola.*

Nel suo saggio *La disobbedienza come problema psicologico e morale*, Eric Fromm adombra come i principali
miti della cultura occidentale assumano a fondamento della civiltà un gesto di dissenso, una rivendicata
opposizione rispetto a un imperativo divino[1] o, ancora, quella specifica declinazione del sentire altrimenti
che è la disobbedienza come ragionato rifiuto di un
comando ricevuto: violando il quale si avvia la storia
umana come vicenda consapevole e indipendente, ritmata da errori e superamenti dei medesimi[2].

La tradizione ebraica e quella cristiana adottano come cominciamento il dissenso di Adamo ed Eva rispetto
all'imperativo divino, che impedisce loro di mangiare
dall'albero della conoscenza: *eritis sicut Dii*, sibila il ser-
pente rivolgendosi a Eva (*Genesi*, 3,4-5), per indurla in
tentazione. Cedendo a quell'invito alla disobbedienza,
complici la volontà di potenza e di essere signori della
propria storia, gli uomini si privano del diritto di per-
manere nell'Eden. Dall'armonia originaria, precipita-

[1] E. FROMM, *La disobbedienza come problema psicologico e morale*,
in ID., *La disobbedienza e altri saggi*, Mondadori, Milano 1982, pp. 11-
19 [ed. or. *Disobedience as a Psychological and Moral Problem*, 1963].

[2] LAUDANI, *Disobbedienza* cit., pp. 7-8.

no in un susseguirsi senza tregua di pene e tormenti, destinato a protrarsi fino alla fine dei tempi. E, non di meno, quel dissenso originario, pur pagato a cosí caro prezzo, permette all'uomo di diventare veramente tale, di ergersi ad autonomo e libero *faber fortunae suae*, superiore alle altre creature in quanto in grado, egli soltanto, di determinarsi liberamente mediante il proprio agire responsabile.

Come suggerito da Fromm, nella civiltà greca l'*analogon* di Adamo ed Eva può, a giusto titolo, essere individuato in Prometeo. Anch'egli ribelle rispetto all'ordine costituito, dissente dall'imperativo degli dèi dell'Olimpo. Per riscattare la condizione umana, è disposto a rimanere vincolato in eterno alla rupe del Caucaso, con il fegato sempre di nuovo divorato dall'aquila: di modo che, secondo i versi del *Prometeo incatenato* di Eschilo, «apprenda a rispettar la signoria di Zeus, a desistere dal troppo amor degli uomini»[3].

Sia pure da prospettive e con presupposti alquanto differenti, la vicenda di Adamo ed Eva e quella di Prometeo non cessano di insegnarci l'importanza del dissenso, ma poi anche, in maniera connessa, la preferibilità di una condizione di supplizio e di sofferenza orientati al miglioramento della razza umana mediante sforzi rispetto a una servitú senza sforzi e fatiche: *malo periculosam libertatem quam quietum servitium*.

È questo il senso profondo custodito anche nella nota favola di Fedro, in cui il lupo emaciato, dinanzi al cane pasciuto ma in catene, preferisce continuare a patire la fame conservando, però, la libertà e l'indipendenza. È solo dissentendo, e organizzando in

---

[3] ESCHILO, *Prometeo incatenato*, vv. 10-11; in *Eschilo, Sofocle, Euripide, Tutte le tragedie*, a cura di A. Tonelli, Bompiani, Milano 2011, p. 463. Traduzione modificata.

forme strutturate il proprio sentire altrimenti, che l'individuo può maturare come soggetto, ossia come portatore di una sua visione critica e personale, scelta liberamente e non accettata passivamente perché imposta dall'ordine simbolico dominante.

È quanto ci insegna un degno erede di Prometeo come Odisseo. Il secondo poema omerico potrebbe, in fondo, essere letto come un'epopea del dissentire. Odisseo sente altrimenti rispetto a Polifemo e ai Proci, a Calipso e a Circe, sempre facendo valere la propria indipendenza critica e la propria autonomia di giudizio. Nel quinto canto dell'*Odissea*, in balia della tempesta scatenata da Poseidone, il figlio di Laerte è restio ad abbandonare la zattera. Perfino allorché la divinità marina Ino Leucotea gli suggerisce di gettarsi tra i flutti, egli prende tempo ed esita: la sua «saggezza pratica», la sua *métis* – antesignana di uno spirito critico che sa dissentire –, lo invita infatti a pazientare, sentendo e agendo altrimenti rispetto all'imperativo divino (*Odissea*, V, vv. 356-64).

Il dissenso come rifiuto dell'autorità e del potere – politico o ecclesiastico, reale o simbolico – costituisce il gesto originario della civiltà occidentale, da Adamo ed Eva a Prometeo, da Platone a Kant: e, per ciò stesso, pone in essere una tensione tra la coscienza dell'individuo che sente altrimenti, e che può organizzare socialmente il proprio sentire, contro i cristalli del potere e dell'ordine politico, ossia contro quelle realtà che, almeno nella tradizione occidentale, da sempre si connotano come volontà di ordine e di stabilità, di consenso e di creazione di quella docilità irriflessa che viene detta obbedienza. Per questo, il potere, in ogni epoca e in ogni sua configurazione, aspira più o meno apertamente a rimuovere il dissenso, o reprimendolo o impedendo il suo stesso costituirsi, come sempre più spesso accade nel nostro mondo della manipolazione organizzata e del «si dice» planetario; in cui la tradizionale repressione dei dissenzienti diventa superflua in assenza dei dissenzienti stessi, sostituiti da un gregge amorfo di cultori ignari e felici della loro stessa schiavitú.

Occorre, però, attendere l'evo moderno per rinvenire un impiego consapevole del dissenso come categoria concettuale. Sappiamo, e già abbiamo ricordato, che il lemma deriva dal latino *dissentio*. Nel suo uso moderno, lo si registra per la prima volta in riferimento alla vicenda degli *English Dissenters*[4], i cristiani inglesi che si separarono dalla Chiesa d'Inghilterra tra i secoli XVI, XVII e XVIII. Nel XVIII secolo, un gruppo di essi divenne noto con il nome di *Rational Dissenters*. Costoro si opposero alla gerarchia della Chiesa, criticandone i principî economici e anche alcuni dogmi (la Trinità e il peccato originale, *in primis*), liquidandoli come «irrazionali». Per ciò stesso, la loro pratica del dissenso ricevette l'attributo di «razionale».

Sappiamo anche che, nel corso del XIX secolo, il lemma «dissenziente» cominciò a essere sempre piú frequentemente impiegato per alludere, in maniera estesa, a coloro che «sentivano altrimenti» nell'ambito delle questioni politiche, economiche e scientifiche.

Dato che i «non conformisti» in campo religioso finivano, in realtà, per confluire sistematicamente nelle schiere di pressoché tutti i movimenti di riforma politica, sociale ed educativa, esisteva un rapporto di filiazione diretta tra il dissenziente religioso e quello politico e sociale. Da religioso, il dissenziente finiva per essere tale in ogni ambito: si poneva come contestatore operativo dell'ordine esistente in ogni sua determi-

---

[4] Cfr. M. PHILIP, *Rational Religion and Political Radicalism*, in «Enlightenment and Dissent», n. 4, 1985, pp. 35-46.

nazione. L'eretico era cosí, al tempo stesso, un ribelle, l'eterodosso un antagonista. Per questa via, il concetto si faceva multicomprensivo rispetto al suo impiego originario: e, insieme, prendeva a esprimere un gesto paradigmatico di opposizione o, con la grammatica di Gramsci, di «spirito di scissione»[5] applicabile agli ambiti piú disparati. Muoveva dalla sfera religiosa per investire, gradualmente, anche la dimensione sociale e politica, configurandosi, virtualmente, come dissenso generalizzato verso l'ordine costituito. Ancora, forse, si conserva, pur nascosto sotto gli strati del tempo, questo significato originario, che si richiama contemporaneamente alla sfera religiosa e a quella sociopolitica.

In effetti, il vero dissenziente, oggi, pare poter essere identificato in chi è eretico e non allineato rispetto al monoteismo idolatrico del mercato, al fanatismo economico-finanziario: e, dunque, a quella sacra teologia che, con i suoi dogmi imperscrutabili («ce lo chiede il mercato»), ci rende tutti adepti di un culto intimamente irrazionale, con la sua trinità composta dalla crescita fine a se stessa, dal nichilismo classista del profitto e dalla mercificazione integrale a detrimento della vita umana e del pianeta. Non vi è giorno che le omelie neoliberiste non celebrino, a reti unificate, questo culto, rinsaldando un consenso universale e una sincronizzazione di massa delle coscienze, che sembrano non vacillare nemmeno al cospetto delle catastrofi naturali, delle «tragedie nell'etico», come le etichettava Hegel, e del restringimento ogni giorno maggiore della democrazia che il fanatismo economico sta realizzando.

[5] A. GRAMSCI, *Quaderni del carcere*, edizione critica dell'Istituto Gramsci, a cura di V. Gerratana, Einaudi, Torino 1975, III, 49, p. 333B. Rinvio anche al mio *Antonio Gramsci. La passione di essere nel mondo*, Feltrinelli, Milano 2015.

3.

Gradi e forme del sentire non omologato

> Tendenza al conformismo nel mondo contemporaneo piú estesa e piú profonda che nel passato: la standardizzazione del modo di pensare e di operare assume estensioni nazionali o addirittura continentali.
>
> A. GRAMSCI, *Quaderni del carcere.*

Si è precedentemente sottolineato come il dissenso, pur non risolvendosi mai del tutto nelle figure in cui concretamente si fa operativo, non può mai essere studiato in sé e per sé, senza fare riferimento alle sue effettive manifestazioni. Se si volesse abbozzare una tipologia del dissenso, nel difficile tentativo di indagarne la forma e le strutture prima del suo tradursi nelle figure che lo ospitano e lo organizzano, si potrebbe con diritto sostenere che una prima distinzione capitale da operare riguarda la profondità. Vi sono, infatti, diversi gradi e differenti intensità del dissentire. Il dissenso può riguardare singoli aspetti, e dunque solo limitate parti del mondo storico in cui si sviluppa. È il caso di chi, ad esempio, accetta nelle sue strutture fondamentali l'ordinamento vigente e si limita a dissentire su singoli provvedimenti o su specifiche norme. Nella sua intensità massima, il dissenso può spingersi a mettere in discussione l'assetto integrale di un mondo storico, rigettandolo in quanto tale e riconoscendo, con Adorno, che «il tutto è falso»[1].

In queste due diverse intensità, si profila una dif-

---

[1] T. W. ADORNO, *Minima moralia. Meditazioni della vita offesa*, Einaudi, Torino 1979, p. 48 [ed. or. *Minima Moralia. Reflexionen aus dem beschädigten Leben*, 1951].

ferenza quantitativa che tende a farsi anche qualitativa. Il primo tipo di dissenso, proprio del riformista e del disobbediente, può anche dirsi di *partecipazione*, giacché non rigetta *in toto* l'ordinamento, ma vuole partecipare al suo perfezionamento. Tipico del rivoluzionario e del ribelle, il secondo, per via della sua intensità massima, è inquadrabile come *dissenso di secessione*, in quanto respinge non singoli aspetti, ma il fondamento stesso dell'ordinamento vigente. Il dissenso di partecipazione si pone come riformista. Quello di secessione si configura, invece, come rivoluzionario. Se il primo avanza proposte emendative e integrative, il secondo prospetta un'incondizionata rottura dell'ordine vigente nella sua interezza[2].

Una seconda distinzione degna di nota riguarda la traducibilità del dissenso in azioni conseguenti. Paradossalmente, la massima intensità può, talvolta, coesistere con la minima traducibilità in azioni conseguenti. È il caso di chi rifiuta integralmente la strutturazione della società e, insieme, non compie alcun tipo di azione per contrastarla fattivamente. In maniera diametralmente opposta, chi dissente con l'intensità minima, magari disapprovando un unico aspetto o una sola norma della società, può, poi, tradurre il proprio sentire divergente nelle azioni piú radicali ed efficaci.

Il caso del rivoluzionario è quello in cui la massima intensità si coniuga con la massima traducibilità in azioni coerenti: il suo agire si compie nel rovesciamento dell'ordine costituito e nel transito a un diverso assetto sociopolitico. Da perdere non ha che le proprie catene: da guadagnare ha un mondo.

Un altro parametro dirimente per tratteggiare una tipologia del dissenso riguarda il soggetto che se ne fa

[2] Cfr. CHIODI, *Tacito dissenso* cit., p. 150.

alfiere: può essere l'individuo oppure il gruppo come soggetto unitario.

Se, come si è adombrato, il dissenso sorge sempre dal sentire altrimenti della coscienza individuale, esso può, poi, organizzarsi in forme corali, che spaziano dalla protesta alla rivoluzione. In entrambi i casi, può caratterizzarsi per una profondità minima come per una massima, per una traducibilità estremamente grande come per una massimamente ridotta. Tanto l'individuo quanto il gruppo, infatti, possono sentire in maniera divergente su un singolo aspetto come sull'ordinamento generale, traducendo il loro dissenso nell'agire più radicale come nella passività completa. Il caso della massima profondità e della più grande traducibilità corrisponde, per quel che concerne l'individuo, alla ribellione nell'accezione di Jünger e, per quel che inerisce al gruppo, alla rivoluzione, nel senso di Marx e di Lenin. Un altro parametro di rilievo riguarda il modo in cui il dissenso si rapporta con le leggi e gli ordinamenti. Esso può strutturarsi in forme legali, e dunque rispettare le leggi, trovando in esse la propria garanzia: è il caso, ad esempio, dello sciopero quale è stato praticato nella seconda metà del Novecento in Europa.

Può, inoltre, darsi in forme alegali, allorché si dispone secondo maniere non previste dall'ordinamento e che, non di meno, non lo violano. Infine, si può porre come dissenso illegale, qualora trasgredisca le leggi e sia apertamente in contrasto con esse. Il caso paradigmatico resta, ancora una volta, quello della rivoluzione. Un'ulteriore categorizzazione del sentire divergente potrebbe essere quella prospettata da Albert O. Hirschman nel suo studio *Lealtà, defezione, protesta*[3] mediante la

---

[3] A. O. HIRSCHMAN, *Lealtà, defezione, protesta*, trad. di L. Trevisan, Bompiani, Milano 1982 [ed. or. *Exit, Voice and Loyalty*, 1970].

distinzione tra defezione e protesta. La «defezione» (*exit*) coincide con il ritiro del consenso che si verifica allorché il soggetto non condivida piú il modo di operare dell'organizzazione o del sistema in cui è coinvolto.

Senza tradursi in un rovesciamento della situazione oggettiva, l'*exit* produce una semplice e, talvolta, silenziosa disaffezione da parte del soggetto. È, ad esempio, il caso del consumatore che cessa di acquistare certi prodotti per ragioni precise o, ancora, del dipendente che si licenzia e cerca una nuova occupazione.

La «protesta» (*voice*), dal canto suo, consiste in una disaffezione a cui si conferisce voce, articolandola in maniera tale che possa effettivamente incidere sul funzionamento dell'organizzazione o del sistema di cui si fa parte. Se la defezione lascia, almeno nell'immediato, il sistema com'è, la protesta si prefigge lo scopo di trasformarlo.

Ad esempio, al cospetto di un istituto scolastico non soddisfacente, la defezione consisterebbe nel ritirare i propri figli e nell'iscriverli altrove. La protesta, dal canto suo, si articolerebbe in modo tale da correggere i difetti dell'istituto e migliorarlo operativamente. Figure della protesta, in questa accezione, sono, ad esempio, lo sciopero, il sabotaggio e l'ammutinamento.

Defezione e protesta sono entrambe, per Hirschman, forme di sgretolamento della «lealtà» (*loyalty*) al sistema. La prima è dissenso dell'individuo. La seconda riguarda, invece, gli individui che si associano e agiscono insieme non per prendere singolarmente congedo dalla condizione, bensí per mutarla coralmente. L'*exit* si pone come meramente destituente. La *voice*, dal canto suo, mira a ricreare sulle fondamenta dell'ordine precedente.

4.
Democrazia e dissenso

> Che cos'è un uomo in rivolta? Un uomo che
> dice no. Ma se rifiuta, non rinuncia tuttavia: è
> anche un uomo che dice di sí, fin dal suo primo
> muoversi. Uno schiavo che in tutta la sua vita ha
> ricevuto ordini, giudica ad un tratto inaccettabile
> un nuovo comando.
>
> A. CAMUS, *L'uomo in rivolta*.

A rigore, il dissenso dovrebbe essere una virtú costitutiva delle politiche democratiche. A tal punto
che forse, senza fuorviamenti, si potrebbe definire,
in termini ideal-tipici, la democrazia come il governo che non solo accetta e non reprime il dissenso, ma
che trova in esso la sua forza e non la sua debolezza.

È questo l'orizzonte di senso entro il quale si
orienta Spinoza, il primo grande teorico moderno della
democrazia e, insieme, il primo sistematizzatore del
dissenso come specifica virtú di questa forma di governo. Mediante la categoria di *libertas philosophandi*,
nelle pagine del *Tractatus theologico-politicus* (1670),
troviamo la prima, rivendicata apologia del dissenso
politico in Occidente, successiva rispetto allo *ius resistentiae* codificato dal pensiero medievale[1].

Secondo un intreccio a geometrie variabili di dissenso e tolleranza, ciascuno deve essere libero, a giudizio
di Spinoza, di esprimere le proprie idee, quand'anche
contrastino con l'ordine costituito, e di filosofeggiare
su qualsivoglia tema, senza incorrere nella censura o
nella persecuzione a opera del potere religioso.

---

[1] Cfr. LAUDANI, *Disobbedienza* cit., pp. 45 sgg.

L'importante è che sempre si rispettino le leggi vigenti e si obbedisca all'ordine costituito, quand'anche lo si contesti sul piano teorico. In ciò risiede la «libertà di filosofare e dire quello che sentiamo»[2] (*libertas philosophandi dicendique quae sentimus*), come Spinoza scrive in una famosa lettera. Sulla scia del pensatore dell'*Ethica*, potremmo, con diritto, sostenere che la democrazia realizzata consisterebbe in quella forma politica in grado di fare coesistere armonicamente individuo e comunità, maggioranza e minoranza, permettendo all'individuo di non essere schiacciato dalla maggioranza e dalla sua tirannia e di potere apertamente rivendicare il proprio diritto a sentire altrimenti al cospetto del *consensus* generalizzato.

In questa prospettiva, il dissenso non andrebbe a corrodere il potere democratico, ma lo rinsalderebbe. Attiverebbe pratiche di dialogo su punti nodali e porrebbe sempre da capo in discussione dialogica le geometrie dell'esistente e la strutturazione delle forme politiche.

Ne scaturirebbe un potere costituito e, insieme, sempre di nuovo da costituirsi nel gioco della legittimazione dialogica e nello spazio di una comunità composta da individui solidali e ugualmente liberi che si misurano dialogicamente e si contrastano attraverso la docile forza della ragione. Il dissenso, che tradizionalmente il potere mira a spegnere come fattore di depotenziamento, diventerebbe con la democrazia un elemento di forza e di rinsaldamento dell'ordinamento politico. La libera discussione pubblica, ritmata dal succedersi di dissenso e consenso, rinsalderebbe la comunità democratica, mitigando l'esiziale tendenza

---

[2] B. SPINOZA, *Lettera a H. Oldemburg*, 1670, in ID., *Epistolario*, Einaudi, Torino 1974, pp. 163-64.

all'uniformità propria del dispotismo: rafforzerebbe la fede nella regola democratica come metodo fondato sulla consapevolezza tanto della fallibilità dei giudizi, quanto del fatto che essi si legittimano mediante l'eguale partecipazione alla loro scelta.

Il dissenso non comporta, di necessità, l'opposizione incondizionata al potere. Può anche darsi, all'interno di una comunità democratica, una forma del dissentire intesa come riconoscimento del fatto che ogni decisione può essere discussa nell'agire comunicativo, che ogni legge, lungi dall'essere definitiva, può essere dialogicamente valutata, senza che ciò metta a repentaglio la tenuta della comunità stessa.

Ne segue che – con Spinoza, oltre Spinoza – il dissenso risulta coessenziale a una vera comunità fondata sull'orizzontalità dei rapporti democratici tra individui liberi, eguali e solidali. Come la sostanza dell'*Ethica*, sul piano ontologico, esiste nella pluralità infinita dei suoi attributi, cosí la comunità democratica del *Tractatus theologico-politicus* prospera nell'infinita manifestazione libera dei suoi modi di essere e di pensare. Negli spazi comunitari democratici, il dissenso fa sí che il potere non sia statico e gelatinoso, ma *in fieri*, sempre perfettibile in grazia del dissentire non represso, ma accolto e tenuto in debita considerazione in vista dell'opera di sempre rinnovato perfezionamento della comunità cui si appartiene.

Nel quadro di una democrazia incardinata su rapporti tra individui liberi, uguali e solidali, l'obiettivo coinciderebbe non con una società senza dissenso – ciò che produrrebbe una ricaduta nel «pratico-inerte» criticato da Sartre[3] –, bensí con un assetto sociopolitico

---

[3] J.-P. SARTRE, *Critica della ragione dialettica*, il Saggiatore, Milano 1963, 2 voll. [ed. or. *Critique de la raison dialectique*, 1960].

in cui il dissentire fosse pratica condivisa e riconosciuta come costitutiva dell'essere sociale.

In quest'ottica, si può con diritto asserire che «la democrazia è una forma di governo che si fonda sul dissenso»[4] e che, per sussistere continuativamente, non può rinunciare a esso e alla sua libera espressione.

Per paradossale che a tutta prima possa apparire, non è l'elemento del consenso a essere peculiarmente fondativo del regime democratico: gli è necessario, ma non sufficiente. Anche la dittatura piú efferata, in effetti, può godere di ampio consenso. A costituire il *quid proprium* dell'assetto democratico dovrebbe, allora, essere il dissenso come figura riconosciuta, liberamente praticata e favorita, non soltanto tollerata nel quadro della comunità degli individui egualmente liberi. La dittatura cruenta, che pure può reggersi sul consenso, non potrà mai tollerare la sopravvivenza delle forme del dissenso nel proprio quadro sociopolitico[5].

Alla luce di queste pur cursorie considerazioni, si può, a giusto titolo, sostenere che la democrazia resta un orientamento teleologico, una meta a cui tendere, non certo una forma politica già realizzata nelle strutture dell'esistente.

Se è vero che «quando tace il dissenso, per una democrazia dovrebbe suonare l'allarme»[6], ne segue che le odierne configurazioni della società di massa appaiono sempre meno autenticamente democratiche in ragione della triplice tendenza 1) allo svuotamento della sovranità popolare (sostituita dalle imposizioni sistemiche, dal volere dei mercati e dall'efficiente auto-

---

[4] CHIODI, *Tacito dissenso* cit., p. 144.

[5] Cfr. R. H. DAHL (a cura di), *Political Opposition in Western Democracies*, Yale University Press, New Haven 1966.

[6] CHIODI, *Tacito dissenso* cit., p. 146.

matismo dei governi tecnici), 2) alla sempre crescente disuguaglianza tra il vertice e la base, con conseguente polarizzazione iperbolica della società, 3) all'atrofia generalizzata delle forme del dissenso, vuoi anche alla negazione degli spazi del pensiero antagonista e non allineato rispetto all'ordine simbolico imperante. È di quest'ultima tendenza che intendiamo occuparci nelle pagine che seguono.

Nel quadro dell'odierna civiltà della tecnica, in cui le masse sono sempre piú palesemente ridotte a cassa di risonanza dell'ideologia e usate per costruire un consenso passivo, la capacità di dissentire è fisiologicamente indebolita e, ove ancora sussista, programmaticamente ostacolata mediante forme che spaziano dal silenziamento alla persecuzione mediatica e giornalistica.

Lungi dal vivere di dissensi e dal reggersi sull'agire comunicativo tra individui ugualmente liberi e solidali, gli odierni assetti politici post-1989, che si predicano senza sosta democratici, risultano sideralmente distanti dal concetto di democrazia anche sotto questo profilo.

Sanzionano il dissenso mediante inedite forme di ostracizzazione demonizzante: e, insieme, ne impediscono la genesi stessa, poiché favoriscono, peraltro a livello planetario, il proliferare di un pensiero unico omologato che, falsamente pluralistico, promuove sempre e solo l'ordine simbolico legittimante i reali rapporti di forza centrati su quell'astrazione concretissima che siamo soliti chiamare capitalismo.

Nel mondo premoderno e in ampia parte dell'avventura moderna, come sappiamo, il dissenso era punito e perseguitato, e non di rado – dagli eretici a Giordano Bruno – pagato con la vita. Nell'Atene democratica del IV secolo, ad esempio, il dissenso era ostracizzato, in quanto ritenuto pericoloso per la tenuta della comunità.

E dalla romanità fino al tempo dei Comuni italiani,

una nutrita serie di autori sostengono che il dissenso genera decadenza e crollo della stabilità politica. Nelle sue *Res gestae* (XV, 3), Ammiano Marcellino racconta che, nella sua epoca, si ha paura perfino a raccontare i propri sogni per il timore di essere denunciati per il loro contenuto potenzialmente non allineato con l'ordine dominante.

Per ampia parte dell'avventura storica occidentale, il dissenso, quando non voglia trapassare nella figura del martirio, è chiamato a disciplinarsi e a rimanere imprigionato nella coscienza dell'io individuale, secondo quell'aporetica coesistenza tra contestazione segreta e accettazione simulata del potere codificata dai pensatori «libertini» del XVII secolo e condensata nel motto *foris ut moris, intus ut libet*.

Nel modello del *Leviatano* (1651) di Thomas Hobbes, il potere *absolutus* dello Stato si estende ubiquitariamente e, insieme, non può accedere alla coscienza dell'io individuale, *quia cogitatio omnis libera est*[7]. Strutturalmente incoercibile, la coscienza resta, nel dispositivo teorico di Hobbes, un angolo dello stato di natura che non v'è potenza o patto sociale che valga a superare. Si pone come il fondamento di un possibile pensare altrimenti che, pur soltanto *in interiore homine*, già pone, in prospettiva, la possibilità di un rovesciamento dell'ordine costituito.

La Rivoluzione francese, in fondo, può a giusto titolo intendersi come il compimento della dinamica di progressiva estensione e socializzazione del dissenso individuale che il *Leviatano* aveva riconosciuto come

---

[7] È il tema al centro di C. SCHMITT, *Il Leviatano nella dottrina dello Stato di Thomas Hobbes*, in ID., *Scritti su Thomas Hobbes*, a cura di C. Galli, Giuffrè, Milano 1986, pp. 61-143 [ed. or. *Der Leviathan in der Staatslehre des Thomas Hobbes. Sinn und Fehlschlag eines politischen Symbols*, 1938].

dimensione insopprimibile ad opera del potere *absolutus* della macchina statale[8].

Nelle sue odierne forme impropriamente dette democratiche, il potere ha mutato volto. Non reprime, come in passato, il dissenso. Semplicemente, opera affinché esso non possa costituirsi. Non ricorre alla repressione e all'estetica dei supplizi, poiché, in assenza di teste realmente dissenzienti e di spiriti ribelli, non ve n'è piú materialmente bisogno.

Non punisce i corpi, ma si impadronisce delle anime. Fa in modo che il sempre encomiato pluralismo delle infinite voci che animano il villaggio globale si risolva in un monologo di massa, in cui i plurali dicono tutti sempre e solo la stessa cosa: tutti egualmente encomiano – quand'anche fingano di criticarlo – l'ordine reale e simbolico dell'esistente, secondo quello che *La società dello spettacolo* di Debord[9] definisce il «monologo elogiativo» (§ 24) dell'ordine dominante.

Quest'ultimo sopprime la possibilità stessa del costituirsi della *cogitatio libera* nell'interiorità dell'individuo all'ombra del potere. Il potere *absolutus* si compie, allorché conquista e amministra anche lo spazio minimo della coscienza individuale come cellula genetica del dissenso. Il sistema elettorale delle odierne democrazie occidentali offre, forse, la prova piú sconfortante di questa pluralità fittizia, in cui la scelta è libera e, insieme, finta, poiché, quale che sia, si risolve nella vittoria dello stesso, frammentato in molteplicità organizzata.

È questa la cifra della cultura del consumo, che,

[8] Cfr. R. KOSELLECK, *Critica illuminista e crisi della società borghese*, il Mulino, Bologna 1972 [ed. or. *Kritik und Krise. Pathogenese der Bürgerlichen Welt*, 1959].

[9] Cfr. G. DEBORD, *La società dello spettacolo*, Baldini & Castoldi, Milano 1997 [ed. or. *La Société du spectacle*, 1967].

con il vorticare delle possibilità e degli stili di vita che sempre confermano la stessa civiltà dei consumi, diffonde l'astensione rispetto alla vera scelta.

Quest'ultima non consisterebbe nell'opzione per la merce *x* in luogo della merce *y*, ma nel dissenso oppositivo rispetto a quella scelta prescritta e, dunque, nella contestazione di un ordine che tutto risolve in alternative che lo riconfermano e che segretamente mirano ad annullare la possibilità di scelta.

Nell'ambito della levigata, suadente, «democratica» non libertà occidentale[10], si realizza, così, pienamente ciò che le tragiche esperienze dei totalitarismi novecenteschi, con i loro spargimenti di sangue e le loro atrocità, non erano riusciti a portare a compimento: l'annullamento del dissenso, con annessa uniformazione integrale del sentire e del pensare.

È quello che già John Stuart Mill, in *Sulla libertà*, aveva con lungimiranza denunciato come «dispotismo del comportamento convenzionale»[11] (*despotism of custom*), una sorta di conformismo generalizzato in forza del quale tutti pensano e vogliono le stesse cose e nessuno è più in grado di sentire e di pensare altrimenti.

Contro questo incubo, parzialmente attuato con i totalitarismi del Novecento e destinato a diventare realtà solo nell'odierna civiltà dei consumi – il solo totalitarismo superstite –, Mill auspicava una società in grado di dare voce anche alle eccentricità estreme e alla più radicale spontaneità creativa.

Già Tocqueville, nelle pagine del suo capolavoro *La democrazia in America*, aveva lucidamente adombra-

[10] Cfr. H. MARCUSE, *L'uomo a una dimensione. L'ideologia della società industriale avanzata*, Einaudi, Torino 1967, p. 9 [ed. or. *One-Dimensional Man. Studies in the Ideology of Advanced Industrial Society*, 1964].

[11] J. S. MILL, *Sulla libertà*, Bompiani, Milano 2000, p. 223 [ed. or. *On Liberty*, 1859].

to, in riferimento agli Stati Uniti, un paradosso che solo oggi sembra essersi pienamente realizzato nella società di mercato: siamo abitatori di una realtà che è democratica nel senso deteriore della democrazia di massa, in cui solo il denaro è l'elemento di una distinzione che fa coesistere l'uguaglianza formale con le forme piú radicali di diseguaglianza materiale che mai si siano registrate nella storia. Accade cosí che, per un verso, dominano le differenze quantitative piú macroscopiche (nel quadro storico post-1989, il divario tra chi dispone del superfluo e chi manca del necessario ha raggiunto livelli mai sperimentati in precedenza); e, per un altro, si impone sempre piú radicalmente un'uguaglianza qualitativa di tipo conformistico.

In forza di quest'«uguaglianza dell'irrilevanza», come la si potrebbe etichettare con Hegel, tutti sentono, pensano e vogliono lo stesso: l'umanità è frazionata in una molteplicità caleidoscopica di atomi seriali, qualitativamente uguali e interscambiabili, senza identità e senza personalità, e, insieme, sempre piú differenti tra loro per il diverso «valore di scambio» del quale dispongono. L'uomo senza identità diventa il nuovo profilo antropologico egemonico, coerente con la norma della valorizzazione illimitata, del consumismo assoluto e dell'omologazione planetaria. La precarizzazione delle masse ne è un momento essenziale, giacché non solo conduce alla rimozione dei diritti un tempo guadagnati – con la sintassi hegeliana – dal Servo nel conflitto, ma prepara il nuovo materiale umano omologato a nuove e sempre piú intense forme di estorsione di plusvalore a opera e a vantaggio del Signore.

L'uomo flessibile deve, per ciò stesso, essere senza identità, senza famiglia, senza coscienza oppositiva, senza radicamento territoriale, senza lavoro stabile: dev'essere ridotto ad atomo consumatore *single* e nomade, incapace di intendere e di contrastare l'alienazione e lo sfruttamento di cui è vittima, sempre pronto a migrare in nome della delocalizzazione della produzione. Coerente con la mobilitazione totale prodotta dal tecnocapitalismo, la mobilità diventa la prerogativa quintessenziale dell'*homo instabilis*: il quale è strutturalmente «dis-occupato» e nomade, ossia privo di un posto fisso e stabile a livello sia etico, sia familiare, sia lavorativo, sia territoriale.

È in questo scenario dai tetri contorni che si realizza la profezia di Tocqueville[12]. Il «nuovo aspetto» del dispotismo corrisponde con impressionante aderenza a quello da lui paventato: una folla innumerevole di uomini qualitativamente uguali e interscambiabili, intenti solo a godere – gli «ultimi uomini» profetizzati da Nietzsche[13] –, ciascuno estraneo al destino dei suoi simili, assorbito integralmente da se stesso e dal proprio godimento acefalo, senza identità e tradizione, senza *vis* critica e senza spessore culturale.

E, sopra di essi, quasi impercettibile, un «potere immenso e tutelare», lasco e permissivo, mite e previdente, che li mantiene illimitatamente nello stadio dell'infanzia e dell'immaturità, di modo che sempre si divertano «purché non pensino che a divertirsi» e a godere nelle forme piú disinibite, dispensati dalla fatica del pensare. Il sistema totalitario diventa accattivante e permissivo, ma le sue sbarre non sono meno robuste di quelle dei regimi precedenti[14].

---

[12] A. DE TOCQUEVILLE, *La democrazia in America*, Rizzoli, Milano 1992, p. 732 [ed. or. *De la démocratie en Amérique*, 1835-40].

[13] F. NIETZSCHE, *Cosí parlò Zarathustra*, Bompiani, Milano 2010, p. 235 [ed. or. *Also sprach Zarathustra. Ein Buch für Alle und Keinen*, 1883-85].

[14] J. G. BALLARD, *Super-Cannes*, Feltrinelli, Milano 2000, p. 132 [ed. or. *Super-Cannes*, 2000].

Di giorno in giorno, i cittadini della democrazia di massa avvertono come superfluo l'uso del libero arbitrio e della volontà, sazi e felici nei perimetri di questa «servitú regolata e tranquilla», che ha annullato il dissenso senza reprimerne le manifestazioni, ma, semplicemente, rimuovendo la stessa possibilità del suo costituirsi.

5.

Dalla repressione della divergenza
all'impossibilità del suo costituirsi

> La morte non è nel non poter comunicare ma
> nel non poter piú essere compresi.
>
> P. P. PASOLINI, *Una disperata vitalità*.

A rigore, non può esservi dissenso ove non vi sia un
consenso. Il movimento del dis-sentire, infatti, impli-
ca immancabilmente una reazione rispetto a un *idem
sentire* diffuso e generalizzato, prendendo posizione
contro il quale l'individuo o il gruppo rivendicano la
propria secessione in nome di un sentire altrimenti.

Come evidenziato da Erving Goffman nel suo studio *La vita quotidiana come rappresentazione*, nella
drammaturgia della vita quotidiana, proprio come a
teatro, ciascuno di noi cerca di presentarsi al «pubblico» nella miglior luce possibile, in modo da risultare
credibile[1]. Per questo, nelle logiche dell'interazione
sociale, l'individuo, alla stregua dell'attore sul palco,
tende ad adattarsi alle regole e alle convenzioni, con-
formandosi il piú possibile.

Cosí, a teatro, quando scatta l'applauso, ciascuno di
noi si sente in certa misura indotto ad applaudire. O,
ancora, come è stato suffragato da alcuni esperimen-
ti, le persone si rivelano, talvolta, disposte ad abbandonare un giudizio palesemente veridico per seguire
quello, evidentemente falso, della maggioranza, come
nel caso dell'oggetto verde che l'individuo afferma es-

---

[1] Cfr. E. GOFFMAN, *La vita quotidiana come rappresentazione*, il Mulino, Bologna 1986 [ed. or. *The Presentation of Self in Everyday Life*, 1959].

sere rosso solo in ragione del fatto che tutti gli altri hanno dichiarato lo stesso.

Sulla scia di Goffman, potremmo sostenere che la radice del dissentire si manifesta allorché l'individuo è capace di resistere alla coazione a ripetere imposta dalla drammaturgia sociale: ossia quando è in grado di opporsi al consenso e all'agire allineato dei suoi simili, rivendicando una propria posizione autonoma, sia pure minoritaria e contrastante con il sentire comune.

In una simile prospettiva, la filosofia dovrebbe essa stessa coincidere con la piú radicale forma di ragionato dissenso rispetto al «si dice» omologato e all'inerziale accettazione consensuale dell'ordine delle cose; o anche, in termini gramsciani, con il momento della purificazione, per via dialogica, del «senso comune», di modo che esso diventi consapevole di sé e acquisti uno statuto critico.

Dalla pratica maieutica socratica fino all'atteggiamento parresiastico di Diogene il cinico, la filosofia viene strutturandosi, fin dal suo gesto originario, come radicale interrogazione sulle forme collaudate dei saperi e sulle verità intorno alle quali la *polis* come comunità vivente ha prodotto un consenso che dispensa dalla fatica del concetto: consenso rispetto al quale il filosofo, testimoniando con il proprio esempio il coraggio della verità, è chiamato a esercitare in prima persona il dissenso e, come la torpedine evocata nel *Menone* platonico (80 a-d), a risvegliare i propri concittadini dal sonno dogmatico dell'*idem sentire* non fondato sull'atteggiamento critico[2].

Là dove, invece, si riduca a semplice conferma del

---

[2] Mi sono piú estesamente occupato di questo tema nel mio studio *Coraggio*, Cortina, Milano 2012.

consenso della *polis* e dei saperi istituiti, la filosofia, da pratica del dissenso ragionato e del coraggio della verità, decade al rango della mera duplicazione dell'esistente. Trapassa nella figura dell'ideologia a cui sembra essere condannata nell'odierno tempo del consenso di massa planetario e del pensiero unico mondializzato.

Proprio in forza della sua natura di voce negativa, il dissenso non può, allora, essere compreso se non in riferimento, sia pure contrastivo, rispetto al consenso, al *cum-sentire* di una massa piú o meno estesa, piú o meno compatta nell'uniformità delle sue vedute. Perché possa esservi dissenso, occorre che si dia un consenso di base generalizzato: e, insieme, che esso venga avvertito come ingiusto, perché tale da santificare una realtà che è diversa rispetto a come potrebbe e dovrebbe essere. È solo dal senso dell'alterità e della possibilità di essere diversamente che può sorgere il dissenso come messa in questione del consenso e dell'accettazione di ciò che è.

Alla luce di queste considerazioni, possiamo sostenere che l'odierna democrazia di massa della civiltà dei consumi ottiene la neutralizzazione del costituirsi del dissenso mediante l'espansione onnipervasiva e capillare di un consenso tanto radicale da saturare gli anfratti piú remoti della coscienza. Ne scaturisce il conformismo di massa coessenziale all'odierna società di mercato, che del motto libertino segna il rovesciamento: non piú «esternamente secondo le convenzioni, internamente come vuoi tu» (*foris ut moris, intus ut libet*), bensí «esternamente come vuoi tu, internamente secondo le convenzioni» (*foris ut libet, intus ut moris*).

Si può fare tutto ciò che si vuole, senza alcun limite se non di ordine economico, poiché ciò che si vuole è onnipervasivamente sorvegliato e manipolato dal potere immenso e tutelare evocato da Tocqueville e oggi fattosi mondo. Nel mondo del capitalismo *absolutus* (pienamente realizzato perché sciolto da ogni vincolo) tutto è possibile, a patto che ve ne sia sempre di piú, in coerenza con la norma della crescita infinita, e che si disponga dell'equivalente monetario corrispondente per poterselo permettere[3]. Non vi è piú bisogno, per il potere, di punire e perseguitare i dissenzienti quando l'umanità intera è ridotta a gregge amorfo di atomi senza qualità e senza spessore culturale, incapaci di pensare diversamente e, dunque, di dissentire in forme che non siano quelle preordinate dal potere stesso.

Del resto, a differenza delle società del passato, quella sussunta sotto il capitale non necessita piú di essere fondata sulla normatività eteronoma di metafisiche veritative e sulla conseguente persecuzione dei dissidenti. Si regge unicamente sull'allargamento nichilistico onnilaterale della forma merce e sull'estensione infinita della norma del valore di scambio. Tale allargamento accetta ogni pensiero e ogni opinione, anche se apertamente contestativi, assimilandoli all'interno del circuito della produzione e dello scambio, secondo il modello del volto di Che Guevara ridotto a effigie rassicurante sulle magliette di marca. Anche da questo emerge l'essenza del capitalismo come stile di vita, come regime di storicità e come ordine del discorso.

D'altro canto, se il regime della produzione può sopportare la libertà di pensiero, ciò è reso anche possibile dal fatto che oggi manca il pensiero stesso. Come suggerito da Heidegger, «ciò che è massimamente da pensare»[4] (*das Bedenklichste*), oggi, è il fatto che non si pensa.

---

[3] Sul tema del capitalismo assoluto, mi permetto di rinviare al mio studio *Minima mercatalia. Filosofia e capitalismo*, Bompiani, Milano 2012.

[4] Cfr. M. HEIDEGGER, *Contributi alla filosofia (dall'evento)*, § 58; Adelphi, Milano 2007, p. 142 [ed. or. *Beiträge zur Philosophie. Vom Ereignis*, 1938].

Domina su tutta la linea una grigia e sconcertante povertà riflessiva, coessenziale alle logiche stesse dell'odierna «notte del mondo», un tempo che si è già fatto a tal punto buio da non essere nemmeno piú in grado di avvertire come mancanza la morte di Dio e dell'Ideale.

La civiltà dei consumi, mediante le strategie della manipolazione organizzata e della fabbrica dei consensi, ma poi anche per mezzo dell'opera costante e inflessibile dei sacerdoti del politicamente corretto (circo mediatico, clero giornalistico e accademico, ceto intellettuale ecc.), impone un'ortodossia totale, una vera e propria cattività simbolica che rende superflui i roghi e la cicuta. Produce un allineamento irriflesso e costante delle menti, mantenendole stabilmente entro i confini dell'ordine simbolico e della sovrastruttura glorificante la struttura socioeconomica dominante.

Proprio come il potere delineato da Tocqueville, la civiltà dei consumi dispensa dall'usare la propria testa e colonizza le menti con un'ortodossia che impedisce al pensiero di avventurarsi al di là delle Colonne d'Ercole aprioricamente fissate dall'ordine dominante.

In questo senso, il conformismo della società degli eremiti di massa annienta il pensiero disincentivando il suo stesso costituirsi: non ne reprime gli effetti, ma ne devitalizza la radice. In una realizzazione della distopia tracciata da Orwell in *1984*, ortodossia vuol dire non pensare e non avvertire nemmeno il bisogno di farlo.

Per comprendere geneticamente questa condizione, occorre volgere retrospettivamente lo sguardo al 1989, da identificarsi – dissentendo rispetto alla grande narrazione oggi egemonica – con l'anno della piú grande tragedia geopolitica della seconda metà del XX secolo.

Con l'implosione del bipolarismo mondiale del *cuius regio eius oeconomia*, la polverizzazione dei sistemi socialisti e la scomparsa dell'alternativa possibile sotto le macerie del Muro (Berlino, 9 novembre 1989) non ha determinato il trionfo della libertà per i milioni di schiavi del dispotismo comunista, secondo la lieta novella con cui la grande narrazione neoliberale continua a offuscare le menti. Nel tempo della menzogna universale, la storia continua a essere, con Orwell, un palinsesto che può essere riscritto *ad libitum*[5].

L'inglorioso crollo del comunismo storico novecentesco ha, semmai, segnato il trionfo della logica dell'estensione illimitata del tecnocapitalismo, con le sue specifiche patologie (dalla mercificazione alla schiavitú salariata, dal folle mito della crescita senza misura alla fola del progresso), dopo che la pur contraddittoria esperienza dei socialismi realizzati ne aveva, almeno in parte, rallentato e contenuto l'avanzata[6].

La scena mondiale schiusasi con il 1989 non soltanto ha segnato la ripresa della marcia del capitale e della sua estensione illimitata, con annessa erosione dei diritti precedentemente conquistati sul campo e con il riconfigurarsi della tradizionale lotta di classe nei termini di un vero e proprio massacro di classe univocamente gestito dai dominanti.

L'ordinamento del mondo, che fino al 1989 era duale e diviso dal Muro di Berlino, ha rapidamente preso a disporsi in forma unipolare e unitaria. Lungo il piano inclinato che conduce dalla fine del comunismo storico novecentesco al nostro presente, si è venuto istituendo un nuovo ordine mondiale classista planetario, *de*

---

[5] Cfr. G. ORWELL, *1984*, Mondadori, Milano 2009, p. 44 [ed. or. *1984*, 1948].

[6] Cfr. A. D'ORSI, *1989. Del come la storia è cambiata, ma in peggio*, Ponte alle Grazie, Milano 2009.

facto coincidente con il dominio del capitale su scala globale, non piú contrastato dal suo nemico storico.

Ne è scaturita non solo la vittoria del Signore sul Servo nella lotta di classe divenuta massacro di classe. Accanto a essa, si è registrata l'opera di distruzione *manu militari* delle ultime forze nazionali resistenti mediante bombardamenti etici e interventismi umanitari condotti dalla monarchia del dollaro, braccio armato del mondialismo economico.

Dal 1989, si assiste al metodico annichilimento di tutto ciò che, a livello sia simbolico sia reale, non è affine al nuovo ordine classista mondializzato (dalla famiglia al mondo del lavoro, dai diritti alle culture).

In ciò consiste quella che, con Hegel, potremmo qualificare come la «furia del dileguare» (*Furie des Verschwindens*) del capitalismo, la sua opera inesorabile di abbattimento di ogni limite reale e simbolico in grado di contenere, frenare e disciplinare l'economicizzazione integrale del mondo della vita e l'estensione illimitata della forma merce.

Il nuovo ordine mondiale classista corrisponde, nella sua logica, al capitalismo divenuto *absolutus* perché realizzato nel superamento di ogni limite. Con la grammatica hegeliana, l'immane potenza del negativo si è integralmente dispiegata nella condizione dell'alienazione universale e della perdita di sé, da parte dell'umanità, nell'esteriorità deiettiva del fanatismo economico centrato sul processo di valorizzazione infinita divenuto fine a se stesso e sullo sfruttamento classista subito passivamente dal Servo.

Il nuovo ordine globalizzato, al tempo stesso, ha saturato le coscienze, colonizzandole con un'ideologia gravida di potere che, in assenza di visioni antagonistiche, si è imposta nella forma del cosiddetto pensiero unico politicamente corretto.

Con il *Weltdualismus*, si è, in pari tempo, estin-
to il dualismo delle prospettive e delle immagini del
mondo. In suo luogo, si è venuto costituendo quello che, con diritto, è stato definito il pensiero unico
e che già Marcuse aveva etichettato come «pensiero
a una dimensione»[7]. Nella sua logica essenziale, esso
corrisponde alla sovrastruttura ideologica della struttura del fanatismo economico-finanziario globale. È,
in altri termini, l'ordine simbolico che glorifica i rapporti di forza esistenti, la logica illogica di un sistema
che orbita intorno all'obiettivo della crescita illimitata, alle disuguaglianze sempre piú radicali, alla neutralizzazione della possibilità di dissentire rispetto a
questa follia difesa con metodo dal *Deus mortalis* del
mercato globale.

Questo ci permette di sostenere che se davvero siamo entrati nell'era della «fine delle ideologie», come
la qualificava Raymond Aron[8], ciò non dipende tanto
dall'esaurirsi di visioni del mondo solide e compatte,
quanto piuttosto dal sopravvivere di un'unica ideologia al singolare, quella del pensiero unico neoliberista
che sempre santifica l'ordine esistente e liquida come
«ideologica» ogni visione disomogenea rispetto a esso.

Il fatto che, dopo il 1989, sia rimasto in vita un
unico modello sociopolitico, ha determinato il conseguente sopravvivere di un unico pensiero, di un'unica
formazione ideologica, che si presenta come naturale ed eterna, cancellando – questa, del resto, la cifra
di ogni ideologia – la propria genesi storica e sociale.

Finché vigeva il *Weltdualismus*, si contrastavano
agonalmente due visioni del mondo: ciascuna delle
quali non solo mostrava le contraddizioni dell'altra,

---

[7] MARCUSE, *L'uomo a una dimensione* cit., p. 34.
[8] R. ARON, *Essai sur les libertés*, Hachette, Paris 1998 (1965), p. 74.

ma, insieme, ne esibiva il carattere ideologico, non
naturale-eterno. Rendeva, per ciò stesso, progettabi-
li e concepibili prospettive alternative, non riducibili
né all'una, né all'altra.

In effetti, peggio del mondo diviso dai due bloc-
chi poteva esserci solo ciò che è venuto dopo: il mo-
nopolarismo del nuovo ordine mondiale della società
di mercato, con il suo coerente pensiero unico omologato che tautologicamente riconferma sempre da capo l'ordine del potere; una società in cui molti sono
schiavi e tutti sono alienati. In antitesi con la grande
narrazione del pensiero unico, il 1989 ha liberato un
potenziale di sofferenza e di miseria, di torti e di so-
prusi, di sfruttamento e di ingiustizia, che potrebbe
oggi produrre l'equivalente di almeno quindici rivoluzioni come quella francese del 1789 e come quella
russa del 1917[9].

E, invece, il gregge degli ultimi uomini subisce in
silenzio, senza alcun ritorno di fiamma rossa. Non
aspirano a rovesciare l'ordine che li vede dominati.
Mirano, al contrario, a essere inclusi nel regime dell'*a-
partheid* planetario pudicamente chiamato capitalismo.

In contrasto con la fiaba per «anime belle» che
canta l'elogio di un paesaggio sociale all'insegna della
libertà, dell'uguaglianza e della fraternità, anche nel
mondo post-1989 il conflitto resta stabilmente quello
tra Capitale e Lavoro, tra Signore e Servo, pur con
una differenza dirimente. Prima del crollo del Muro,
il conflitto era bilaterale. Con la sintassi della *Fenomenologia dello Spirito* di Hegel, Servo e Signore si
fronteggiavano sul campo. E i diritti scaturivano da

[9] Cfr. D. D'ANDREA e E. DONAGGIO, *La società livida. Peter Sloterdijk e le catastrofi timotiche*, in «La società degli individui», n. 3,
2008, pp. 179-81.

questa pratica conflittuale, come riconoscimento del peso specifico della capacità organizzativa e oppositiva del Servo nelle lotte per il riconoscimento del suo lavoro. Oggi, invece, nel transito dal proletariato al precariato e dalla coscienza infelice borghese all'incoscienza felice postmoderna, il conflitto si è ridisposto nell'inedita forma di una guerra gestita univocamente dai dominanti ai danni dei dominati.

Questi ultimi sono ridotti a polo passivo che subisce in silenzio e che non è nemmeno piú in grado di pensare l'alternativa e di trasformare in passione politica la rabbia gravida di buone ragioni. Dal conflitto di classe dialettico si è disinvoltamente transitati al massacro di classe univoco[10]. I dominanti stanno trionfando su tutta la linea, imponendo in forma sempre piú pervasiva il loro ordine reale e simbolico e – sempre in nome del vangelo della competitività globale – rimuovendo anche i piú elementari diritti conquistati in passato (lavoro, sanità, istruzione ecc.).

Nella forma di una vera e propria «ribellione delle élite»[11], dal 1989 a oggi il Signore si sta riappropriando di tutto ciò che il Servo era riuscito a ottenere mediante le pratiche del conflitto e dell'organizzazione di classe. Compimento dell'«aristocrazia finanziaria»[12] (*Finanzaristokratie*) prevista da Marx come portato della finanziarizzazione del capitale, la nuova élite neofeudale che regge il nuovo ordine mondiale sta con-

[10] Cfr., ad esempio, M. REVELLI, *La lotta di classe esiste e l'hanno vinta i ricchi. Vero!*, Laterza, Roma-Bari 2014; D. LOSURDO, *La lotta di classe. Una storia politica e filosofica*, Laterza, Roma-Bari 2013.

[11] Si veda C. LASCH, *La ribellione delle élite. Il tradimento della democrazia*, Feltrinelli, Milano 1995 [ed. or. *The Revolt of the Elites and the Betrayal of Democracy*, 1995].

[12] *Karl Marx - Friedrich Engels Werke* (MEW), XXV, Dietz Verlag, Berlin (Ddr) 1973, p. 454.

ducendo con successo un'inaudita offensiva ai danni del Servo precarizzato e senza coscienza: sta destrutturando la dimensione del lavoro e dei diritti, frammentando la coscienza oppositiva e anestetizzando le forme del dissenso.

Tuttavia, non ci tolgono tutto in una volta. Se lo facessero, il dispositivo in atto sarebbe immediatamente automanifestativo e tutti comprenderebbero agevolmente l'essenza della condizione neoliberale che stiamo scontando sulla nostra pelle. Per questo, l'opera di sottrazione procede con lenta e solerte continuità: un pezzo alla volta, un diritto dietro l'altro, conquista dopo conquista, secondo un ritmo inframmezzato da temporanee battute d'arresto, che, senza mai comportare una reale inversione di tendenza, semplicemente destano l'illusione dell'assenza del movimento unidirezionale con cui ci stanno defraudando di tutto, facendo apparire come privilegi quelli che fino a ieri erano diritti. E cosí, passo dopo passo, ci risospingono indietro, non lasciandoci nulla: fanno risultare plausibile l'inimmaginabile.

Oltre che nella gradualità con cui opera questa preordinata rimozione delle conquiste, l'astuzia della ragione capitalistica risiede nel far portare a compimento questo processo alle forze del quadrante sinistro dello specchio elettorale, passate nel frattempo – in un tradimento integrale della lettera e dello spirito di Marx e Gramsci – dalla lotta *contro* il capitale alla lotta *per* il capitale. Se, infatti, fossero le tradizionali forze di destra a operare in questa direzione, subito diverrebbe evidente la vera natura del processo in atto: e potrebbe, eventualmente, levarsi una poco conformista reazione dal basso. Nel quadro della sempre piú evidente rifeudalizzazione dei rapporti sociali, l'odierna «macelleria sociale» all'insegna dei tagli dei diritti e

dei salari e, in generale, del massacro del Servo fa leva
sul fatto che sul grembiule rosso delle sinistre appaiono
meno visibili gli schizzi di sangue dei lavoratori e dei
pensionati, dei precari e dei disoccupati.

È questa, raccontata in maniera icastica, la storia
del vecchio continente dal 1989 a oggi; una storia che,
per potersi dispiegare in questa forma, ha necessitato
e tuttora necessita – oltre che dell'offensiva del Signore divenuto élite neo-oligarchica – dell'indispo-
nibilità completa del Servo, cultore inerme e, troppo
spesso, inconsapevole della propria schiavitú, ma poi
anche incapace di dissentire, e dunque di orientarsi
secondo grammatiche e mappe che non siano quelle
dettate dal potere stesso.

Perché potesse compiersi questo processo di manipolazione e di controllo delle coscienze, teso a fare
sí che i servi amassero la propria schiavitú e fossero
addirittura disposti a difendere le proprie catene, oc-
correva procedere preventivamente alla lobotomizza-
zione delle masse; espressione con la quale alludiamo
alla dinamica di normalizzazione del dissenso e di anestetizzazione della coscienza oppositiva che ha portato
il Servo a orientarsi sempre solo secondo gli schemi
dell'ordine simbolico dominante e, di conseguenza,
ad abbandonare ogni prospettiva autenticamente e
operativamente antagonistica.

Per poter inanellare i suoi successi ai danni delle
masse lobotomizzate, il potere gestisce ponderatamen-
te i flussi del consenso e del dissenso. Fa in modo che,
di volta, in volta si generi un comune dissenso – con-
diviso anche dai dominati – verso la spesa pubblica,
verso i diritti del lavoro, verso il pubblico impiego,
verso il diritto di sciopero, di modo che, in seconda
battuta, vi sia il pieno consenso allorché si tratta di
privatizzare, licenziare, rimuovere i diritti.

Come già evidenziato da Gramsci, «lo Stato quando vuole iniziare un'azione poco popolare crea preventivamente l'opinione pubblica adeguata»[13]. Opera in modo che si dissenta contro ciò che il potere ha preventivamente deciso di destrutturare, affinché il dissenso riconfermi l'ordine dominante e le sue strategie.

Un'immagine tragica di questa situazione di integrale subalternità, in cui il dissenso è amministrato in vista del consenso universale, si ha ogni qual volta la religione della merce immette nei circuiti della produzione un nuovo sfavillante prodotto. I nuovi schiavi si mettono placidamente in coda all'ingresso dei templi della merce per acquistare a rate la novità, il meglio che la civiltà dei consumi possa vendere loro. Essi non hanno contezza né del perverso incantesimo di alienazione e feticismo di cui sono parte, né delle tracce a cui quelle merci rimandano; tracce che, troppo spesso, finiscono nel sangue in Paesi eufemisticamente detti «in via di sviluppo».

Cultori del godimento acefalo e disinibito, ripetitori ossessivi del loro motto – «noi abbiamo inventato la felicità»[14] –, gli ultimi uomini sono gli abitatori ideali del tempo del legame sociale interrotto e della morte dell'Ideale[15]: non sperano in nulla di piú grande, né si mobilitano in vista di futuri migliori. Hanno venduto testa e cuore al capitale, ricevendone in cambio sfruttamento e reificazione.

Schiavi che non sanno di esserlo, ignari cultori del rito del consumo e della mercificazione dei corpi e delle anime su cui esso si regge, sono dominati sia

[13] GRAMSCI, *Quaderni del carcere* cit., VII, 83, p. 914.
[14] NIETZSCHE, *Cosí parlò Zarathustra* cit., p. 235.
[15] Cfr. M. RECALCATI, *Cosa resta del padre? La paternità nell'epoca ipermoderna*, Cortina, Milano 2011.

materialmente, sia simbolicamente. Con la sintassi di Gramsci, sono dominati e, insieme, subalterni.

E, intanto, sotto il cielo domina graniticamente il pensiero unico del consenso di massa. Oltre a garantire permanentemente la cattività simbolica del gregge degli ultimi uomini, esso predica in maniera compulsiva l'intrasformabilità del mondo, con il solo obiettivo di renderlo tale, secondo lo schema della profezia che si autoadempie.

Per un verso, in accordo con l'ideologia dell'inemendabile imperfezione[16], il pensiero unico nega la possibilità operativa del rivoluzionamento di un assetto sociopolitico ritenuto ingiusto ma non rettificabile, osceno ma non perfettibile. Per un altro, coerente con il clima dell'odierna «seconda Restaurazione»[17] schiusasi con il 1989, esorcizza aprioristicamente ogni passione trasformativa e ogni anelito utopico, subito accusati di voler riproporre in forma inalterata le atrocità del passato prossimo.

Per queste ragioni, il pensiero unico trova nell'assioma dell'*end of history*[18] uno dei suoi principali fondamenti. Come predica l'intrasformabilità del mondo per renderlo tale, analogamente sostiene la fine della storia per negare la possibilità di futuri alternativi rispetto alla società di mercato. Il programma ad alto tasso ideologico del teorema dell'*end of history* potrebbe essere condensato nella locuzione «farla finita con la storia», di modo che i popoli, le società e gli individui si convincano che non si dia altro mondo all'infuori

---

[16] Su questo tema, rinvio ancora al mio *Il futuro è nostro* cit., I, § 1.

[17] Cfr. A. BADIOU, *Il secolo*, Feltrinelli, Milano 2006, p. 39 [ed. or. *Le siècle*, 2005].

[18] Si veda F. FUKUYAMA, *La fine della storia e l'ultimo uomo*, Rizzoli, Milano 1992 [ed. or. *The End of History and the Last Man*, 1992].

di quello esistente: in altri termini, in maniera che si persuadano che la realtà esaurisca la possibilità, che il poter-essere sia coestensivo rispetto all'essere, che il futuro non possa essere altro che il presente della reificazione integrale eternamente riprodotto[19].

A differenza della natura, che trova nella necessità la propria modalità ontologica fondamentale, la storia coincide con lo spazio aperto delle possibilità e, dunque, della programmabilità di configurazioni dell'esistente alternative. È il luogo delle virtualità che possono operativamente tradursi in atto per il tramite dell'azione umana.

Storicizzare l'essente significa mostrarne la genesi, il carattere temporalmente e socialmente determinato, e dunque destrutturare i dispositivi fatalizzanti dell'ideologia. Quest'ultima, unione mistica di fatalismo e di destinalità ingovernabile, annulla il poter-essere nell'essere-dato, la possibilità nella fattualità, la tridimensionalità temporale nell'eterno presente.

Con il suo ordine simbolico garantito dal dominio dei mezzi di informazione, il potere oggi mira a dissolvere il senso della possibilità, affinché l'adesione al modello egemonico sia irriflesso e automatico, in quanto vissuto come naturale, né criticabile, né trasformabile.

Non si dissente, infatti, dal movimento dei pianeti o dalle eclissi solari, ma solo da ciò che è storico e sociale. Naturalizzando lo storico e fatalizzando il sociale, il pensiero unico produce con successo il disarmo del dissenso e, in maniera convergente, l'adesione cadaverica da parte delle masse al modello dominante.

Neutralizza il senso della possibilità, rimuove le

---

[19] Me ne sono piú estesamente occupato nello studio *Essere senza tempo. Accelerazione della storia e della vita*, Bompiani, Milano 2010.

tracce storiche del presente trasfigurato in destino
eterno: e, in maniera simmetrica, destruttura la rap-
presentabilità dell'essere altrimenti. Devitalizza la radice stessa del dissenso come contestazione di ciò che
è ma potrebbe essere diversamente mediante l'agire e
la temporalità storica.

Ciò che avviene quotidianamente, pur non avendo
alcunché di «naturale», viene vissuto come se lo fosse.
L'ordinato disordine e la disumana umanità, ma poi
anche il «cretinismo economico»[20], come lo etichettava
Gramsci, che esaurisce ogni fonte di senso nel calcolo
e nell'algida assiomatica del *do ut des*, sono percepiti
come fisiologici, senza che dalla coscienza di individui
e gruppi sorgano moti di dissenso. Le contraddizioni
sociali sono sostituite, con le grammatiche orwelliane del pensiero unico, dai «disagi dell'individuo» che
non sa adattarsi alle geometrie dell'esistente: in caso
di dissidio con quest'ultimo, è se stessi che occorre
cambiare, non il mondo sociopolitico. La ribellione
e la contestazione corale del sistema oggettivamente
ingiusto cedono il passo al piú frustrante senso di impotenza soggettivo o, ancora, alla colpevolizzazione
inflitta dall'individuo a se stesso. Quando un mondo
storico riesce a convincere le menti dei suoi abitatori
di essere l'unico possibile, l'omologazione degli individui, ossia la loro incapacità di pensare l'alterità, di
programmare futuri alternativi e di praticare forme
concrete del dissentire può dirsi compiutamente realizzata. Allora può essere allentata la presa sui corpi,
poiché ormai è totale quella sulle coscienze.

La pluralità dei punti di vista e delle visioni può
essere pacificamente metabolizzata dal sistema della
produzione, perché tale molteplicità non soltanto ac-

[20] GRAMSCI, *Quaderni del carcere* cit., VII, 13, p. 864.

cetta il dogma fondamentale del mondo storico, la sua intrascendibilità: di piú, lo rende invisibile, giacché lo occulta dietro il vorticare policromo degli stili di vita, delle prospettive e delle screziature, apparentemente tutte diverse e, in verità, tutte millimetricamente allineate, perché tutte interne alla gabbia d'acciaio del regime mondialistico della produzione e del consumo.

Il segreto dell'odierna società di mercato sta nel non imporre con la violenza l'accettazione delle regole del funzionamento sistemico, secondo il *modus operandi* delle tradizionali formazioni totalitarie, bensí nel far sí che i cittadini – ridotti al rango del «gorilla ammaestrato» di cui diceva Gramsci[21] – le desiderino essi stessi, incapaci di percepirne il carattere vincolante e indotti dalla manipolazione organizzata a concepirle come compimento della sola libertà possibile, secondo il motto orwelliano *freedom is slavery*.

È su queste basi che può imporsi su scala planetaria quel conformismo di massa che, plasmando un *idem sentire* gravido di potere e permeato in ogni sua espressione dall'ordine simbolico, neutralizza la possibilità stessa del costituirsi del dissenso.

[21] *Ibid.*, IV, 52, p. 489.

6.

Il tempo del consenso di massa

Nessuno è piú schiavo di colui che si ritiene libero senza esserlo.

J. W. GOETHE, *Le affinità elettive*.

Tra i paradossi piú macroscopici della società di mercato quale si è venuta consolidando dopo il 1989, vi è anche il tradimento delle promesse di realizzazione delle libere individualità. Infatti, dopo aver per quasi un secolo propugnato l'ideale della libertà individuale come sommo valore di riferimento, in antitesi con le ingegnerie sociali del livellamento proprie dei comunismi novecenteschi, il capitalismo trionfante sembra oggi risolversi esso stesso nella negazione di quell'ideale.

La capitalistica furia del dileguare non cessa di produrre fughe individuali e collettive dalla libertà in direzione di adattamenti, conformismi e adesioni a mode temporanee, superficiali e seriali, che paiono configurarsi come il capovolgimento della libertà in coazione al livellamento e all'omologazione[1]. Ne è emersa una «cattiva individualità» nei confini blindati di una società dal legame sociale spezzato; una società costruita in forma non sociale, in cui il soggetto è isolato in forme autistiche e, insieme, ingigantito dalla propaganda nella forma dell'atomo autocratico e onnipotente, alleggerito dalle vecchie narrazioni e dalle precedenti identità.

[1] Cfr. C. PREVE, *Storia critica del marxismo*, Città del Sole, Napoli 2007, pp. 66 sgg.

Nella gabbia d'acciaio del mercato globale, in cui l'onnipotenza astratta e l'impotenza concreta coesistono dialetticamente, l'individuo è tale solo nel contesto alienato di un individualismo atomistico che ha preventivamente reciso i legami comunitari.

L'apparente trionfo della libera individualità e della «personalizzazione» (dal *personal computer* al *personal trainer*, dal *personal shopper* al *personal life coach*) coesiste con il costituirsi dell'inedito eremitismo di massa della folla solitaria. Sulla metropolitana e sull'autobus, in treno e nei centri commerciali, l'individuo robinsoniano, pur in mezzo a centinaia di persone, resta permanentemente solo e isolato: è incapace di comunicare e di maturare dialogicamente una presa di coscienza che lo conduca al dissenso verso la falsità totale in cui è immerso. In ciò si manifesta la compiuta realizzazione dell'esistenza «inautentica» criticata da Heidegger nel paragrafo 27 di *Essere e tempo*.

Nel mondo della deiezione propria della società di massa, l'individuo si illude di essere libero: e, per ciò stesso, non avverte la necessità sistemica in cui è sospesa la società di cui è abitatore, regno dell'esistenza inautentica di solitudini omologate e interscambiabili, che agiscono come *si* agisce e pensano come *si* pensa.

Il conformismo prende il sopravvento, gestendo artatamente il pensiero e il sentire dei singoli individui. Questi, nelle trame della società di massa, si dissolvono in un «sistema dell'atomistica»[2], come già lo etichettava Hegel, che li rende tutti incomunicanti e, insieme, interscambiabili.

---

[2] G. W. F. HEGEL, *Enciclopedia delle scienze filosofiche in compendio*, Bompiani, Milano 2000, p. 824 [ed. or. *Enzyklopädie der philosophischen Wissenschaften im Grundrisse*, 1830, § 523].

L'«essere-assieme» *(Mit-Sein)* – cosí ancora nel paragrafo 27 di *Essere e tempo* – dissolve il singolo nel livellamento e nel conformismo: rende possibile la dittatura del Si anonimo e impersonale[3]. Nell'inautenticità della società di massa e del conformismo planetario, ciascuno è l'altro e nessuno è se stesso[4], come è suffragato in forma paradigmatica dalla vicenda di Marcello, il grigio protagonista del *Conformista* (1951) di Moravia. L'omologazione al suo stadio supremo rende impossibile pensare e parlare in prima persona. Favorisce, invece, una comunicazione tautologica e massimamente alienata, in cui tutti pensano e dicono le stesse cose, sempre riconfermando l'ordine simbolico dominante.

La polarità di «massa» e «potere» al centro del capolavoro di Elias Canetti si è ridisposta in forma inedita. La massa non è piú la concentrazione dei molti, ma la quantità anonima e amorfa degli io individuali, ciascuno dei quali pensa, consuma e vede lo stesso, ma in maniera solitaria. Massificazione e individualismo coesistono e risultano reciprocamente innervati nella figura del nuovo individualismo di massa.

In termini generali, il nuovo ordine globale si presenta come consensuale e televisivo, morbido e flessibile, tanto piú levigato quanto piú totalitario. Avamposto del controllo sociale ubicato nel salotto di casa dei cittadini globali, la televisione mantiene e sempre rinsalda l'ordine simbolico. Come in *1984*, essa diffonde la propaganda ventiquattro ore al giorno e garantisce stabilmente la conformità del comportamento dei sudditi ignari. Ne amministra senza

---

[3] HEIDEGGER, *Essere e tempo* cit., p. 163. Cfr. S. BANCALARI, *L'altro e l'esserci. Heidegger e il problema del Mitsein*, Cedam, Padova 1999.

[4] HEIDEGGER, *Essere e tempo* cit., p. 163.

sosta le direzioni del consenso e del dissenso: fa sí che essi amino e odino ciò che il potere desidera che amino e che odino.

Con la sintassi di Debord[5], lo spettacolo è un rapporto sociale mediato da immagini, di modo che l'ideologia egemonica possa impadronirsi a tal punto delle coscienze dell'opinione pubblica che non vi sia critica che valga a destrutturarla o anche solo a instillare il dubbio – secondo quanto plasticamente raffigurato in *Matrix* – negli ergastolani che si credono liberi.

D'altro canto, con la televisione come, sia pure in forma diversa, con il computer la comunicazione è centrifuga, non centripeta. Non si è mai autenticamente con l'altro, ma solo accanto a lui, in una costante fuga verso lo schermo e l'informazione manipolata. La massa è frantumata nella pluralità irrelata degli atomi manipolati dalle prestazioni dello spettacolo televisivo e della propaganda preordinata, ossia da quelli che Marcuse connotava come i piú potenti «agenti di manipolazione e indottrinamento»[6].

Il Si anonimo e impersonale, manipolato dalla sovrastruttura simbolica dominante, è il neutro, ciò che è di tutti e di nessuno. Per ciò stesso, esso produce «il *livellamento* (*Einebnung*) di tutte le possibilità di essere»[7]: abbassa ogni individuo al grado impersonale della medietà irriflessa e assunta acriticamente come naturale in quanto socialmente data; medietà in forza della quale – complici le prestazioni della chiacchiera, della curiosità e dell'equivoco – ciascuno aderisce ai modelli dati di pensiero e di azione, smarrendo il proprio progettuale «poter essere» (*Seinkönnen*) e

[5] Cfr. DEBORD, *La società dello spettacolo* cit.
[6] MARCUSE, *L'uomo a una dimensione* cit., p. 28.
[7] HEIDEGGER, *Essere e tempo* cit., p. 216.

abbassandosi al rango della semplice presenza aprospettica e aprogettuale delle cose.

Nella società dell'«atomizzazione di massa»[8], dei singoli io frantumati e plasmati dalle retoriche ideologiche, si calcola e non si dissente, si acquistano merci e non si acquisisce coscienza critica: la società è atomizzata in singole individualità scisse, seriali e reciprocamente ostili. I singoli Robinson postmoderni, come quello di Defoe, sono solitari nel cuore della metropoli, ancor piú di quanto lo sarebbero su un'isola deserta[9]. Nella forma di un grandioso «monologo collettivo»[10], il Si omologante «decreta il modo di essere della quotidianità»[11] in tutte le sue manifestazioni. Esso non solo induce a pensare come si pensa e ad agire come si agisce, promuovendo il conformismo su tutta la linea.

Addirittura, seguendo ancora *Essere e tempo*, determina e preordina i modi dell'opposizione alla dittatura del Si. Infatti, nella società massificata, anche l'anticonformismo si presenta in maniera ineludibilmente conformistica. Infatti – spiega Heidegger – ci opponiamo al conformismo come ci si oppone a esso e «ci teniamo lontani dalla "gran massa" come ci si tiene lontani»[12] da essa, per ciò stesso rimanendo prigionieri del Si dal quale aspireremmo ad affrancarci. Dissentiamo come si dissente o, piú precisamente, come l'ordine egemonico vuole che si dissenta: con l'ovvia conseguenza per cui il dissenso controllato e omologato,

[8] Cfr. U. GALIMBERTI, *Psiche e techne. L'uomo nell'età della tecnica*, Feltrinelli, Milano 1999, p. 604.

[9] Si veda R. SENNETT, *Il declino dell'uomo pubblico*, Bruno Mondadori, Milano 2009 [ed. or. *The Fall of Public Man*, 1974].

[10] G. ANDERS, *L'uomo è antiquato*, Bollati Boringhieri, Torino 2003, 2 voll., II, pp. 138-41 [ed. or. *Die Antiquiertheit des Menschen*, 1956-61].

[11] HEIDEGGER, *Essere e tempo* cit., p. 216.

[12] *Ibid.*

lungi dal mettere in discussione il potere, lo asseconda e lo riconferma. Produce l'inedita figura del «consenso nel dissenso», ossia dell'omologazione di un sentire altrimenti che, in verità, non è se non un *idem sentire* fintamente presentato come oppositivo e antagonistico.

L'ordine simbolico della civiltà dei consumi amministra anche i flussi del dissenso: li sfrutta *ad hoc* per rinsaldare i cristalli del potere. Ci impone di dissentire come si dissente, adeguandoci a un anticonformismo che, esso stesso massificato, sempre da capo riconferma l'ordine dominante: e desta, per ciò stesso, l'illusione che la messa in discussione del sistema sia possibile, e sempre occulta il fatto che essa è disciplinata e capillarmente controllata dal sistema stesso in vista del proprio consolidamento. Prova ne è che oggi il dissenso consentito e promosso dal potere è sempre quello indirizzato contro il dissenso, ossia contro ogni ostacolo, limite o opposizione all'ordine dominante.

La funzione apotropaica del dissenso, oggi vincente, è quella con cui si indirizza il sentire oppositivo delle masse contro ogni possibile sentire non omologato, affinché il dissenso manipolato riconfermi il consenso, negando ogni possibile dissenso autentico rispetto all'*idem sentire* gravido di ideologia.

Come nella caverna di Platone, o in quel suo riadattamento cinematografico che si rinviene in *Matrix* (1999), gli schiavi si mobilitano e dissentono contro i loro eventuali liberatori. Con la sintassi di Spinoza, il potere fa «in modo che combattano per la propria schiavitù come se combattessero per la propria salvezza»[13] (*ut pro servitio, tanquam pro salute pugnent*).

---

[13] SPINOZA, *Trattato teologico-politico* cit., p. 639.

7.

Neoconformismo e dissenso verso il dissenso

> Noi potremmo chiamarci la Congregazione
> degli Apoti, di «coloro che non le bevono», tan-
> to non solo l'abitudine ma la generale volontà di
> berle è evidente e manifesta ovunque.
>
> G. PREZZOLINI, lettera, pubblicata su «La Ri-
> voluzione liberale», n. 28, 28 settembre 1922.

Inglobato nei circuiti della manipolazione organizzata, il dissenso finisce sempre piú per porsi come
strumento di rafforzamento del consenso. Orchestra-
to dal potere e indirizzato puntualmente contro tutti
i punti di dissonanza rispetto a esso, si capovolge in
dissenso verso il dissenso e *ipso facto* – in virtú della
legge dialettica della negazione della negazione – in
riaffermazione del consenso.

Per paradossale che possa a tutta prima apparire,
il dissenso finisce oggi programmaticamente per di-
rigersi non contro il potere, bensí contro tutto ciò
che – realmente o potenzialmente – lo ostacola. E si
perverte in inconsapevole desiderio di schiavitú, in
strenua difesa delle proprie catene contro eventuali
liberatori, come nella narrazione della caverna plato-
nica o, ancora, nella vicenda cristica. Prova ne è, ad
esempio, che il pensiero unico fa valere un'automatica
e irriflessa identificazione tra la critica del fanatismo
economico e l'approvazione *a posteriori* del defunto
comunismo novecentesco.

Per questa via, sono esorcizzate in partenza tanto
la possibilità di una critica del presente, quanto la pensabilità di una società diversamente strutturata, immediatamente identificata con i totalitarismi passati.

Il dissenso generalizzato verso i totalitarismi estinti finisce, cosí, per essere artatamente impiegato come elemento ideologico di legittimazione del nuovo ordine classista.

Il paradigma resta quello della colpevolizzazione eterna della passione utopica e del principio speranza, rei di aver prodotto mali inespiabili, da cui deve seguire la necessaria riconciliazione con una realtà non perfetta, ma pur sempre preferibile a quegli orrori. Il dissenso verso il passato diventa, cosí, un momento fondamentale del conseguimento del consenso verso il presente.

Perché i bombardamenti in nome dell'umanitarismo e il taglio lineare dei diritti in nome dell'efficientismo possano essere accettati supinamente e in modo consensuale, occorre preventivamente creare e gestire il dissenso verso i futuri bombardati e verso i diritti in questione, ad esempio presentando i primi come negatori dei diritti umani e i secondi come superflui, o come privilegi o come fattori d'impaccio rispetto alle logiche della concorrenza e della competitività elevate a dogmi teologici.

Il dispositivo resta invariato: l'ordine economico spoliticizzato e *superiorem non recognoscens* decide sovranamente e, in seconda battuta, gestisce *ad hoc* i flussi del consenso e del dissenso, di modo che le scelte appaiano democratiche e consensuali.

È il caso, ad esempio, delle cosiddette «rivoluzioni colorate» e, entro certi limiti, delle «primavere arabe», foraggiate a flusso continuo dai grandi poli della finanza internazionale: le masse manipolate scendono in piazza e dissentono pubblicamente, causando la destabilizzazione dei governi e favorendo l'ingresso del Paese di turno nel regime del nuovo ordine mondiale sotto l'egida della civiltà del dollaro. Per questa via, il dissenso capillarmente amministrato rinsalda e non destituisce l'ordine dominante.

Ma è, ancora, il caso dell'episodio di «Charlie Hebdo» nel gennaio del 2015. L'attentato subito dalla redazione della rivista francese, nota per la sua satira impietosa contro l'islam e il cristianesimo, è diventato l'oggetto di un dissenso che, di per sé giusto se riferito allo specifico episodio terroristico, ha finito per essere impiegato in modo niente affatto neutro dal potere. Complici le prestazioni dell'industria televisiva e del clero giornalistico, ha reso letteralmente impossibile dissentire dal dissenso contro la religione *qua talis*. Ha istituito un'irriflessa e tutto fuorché anodina identità tra quest'ultima e l'estremismo, quando non il terrorismo.

A rinsaldare questa tendenza ha poi contribuito il secondo attentato che ha sconvolto Parigi il 13 novembre del 2015, con il quale il potere è riuscito a ottenere il pieno consenso dell'opinione pubblica per la propria reazione terroristica al terrorismo, centrata sui bombardamenti etici della Siria, sulla limitazione delle libertà in nome della sicurezza e sulla demonizzazione dell'islam come religione intrinsecamente terroristica.

Comunque lo si voglia intendere e definire, il terrorismo che insanguina il mondo si rivela oggi funzionale all'ordine egemonico e a una nuova strategia della tensione globalizzata. Il terrorismo, da un lato, permette alle pratiche manipolatorie della fabbrica dei consensi di produrre un immediato adattamento alla condizione neoliberale, contraddittoria ma pur sempre preferibile rispetto allo stato d'eccezione del terrore.

E, dall'altro, produce un'automatica delegittimazione di tutte le critiche radicali della società esistente, subito accostate alle pratiche terroristiche e, per ciò stesso, integralmente esautorate: a uscirne trionfante è sempre e solo il partito unico della produzione capitalistica. È forse anche per questa ragione, del resto, che i primi finanziatori del terrorismo (dall'al-Qaeda di Bin Laden all'Isis) risultano puntualmente le amministrazioni dell'Occidente a stelle e strisce.

La levigata e non libera democrazia occidentale si conserva oggi in vita mediante la presenza permanente di un nemico che, alla stregua dell'Emmanuel Goldstein del romanzo di Orwell, permetta di creare contrastivamente l'identificazione generalizzata e in forma stabile con il modello occidentalista elevato a regno del Bene e di celare l'antagonismo classista tra la base e il vertice proiettando il conflitto verso un ideale nemico esterno.

È questo l'esito inaggirabile della falsa alternativa, creata *ad hoc* dallo spettacolo televisivo e dai taumaturghi della mondializzazione occidentalistica, tra *jihad* e McWorld[1]; alternativa mediante la quale chi non aderisce in modo integrale al secondo polo è, per ciò stesso, accusato di essere sostenitore del primo.

Ancora, grazie al proliferare del terrorismo, il paradigma biopolitico securitario può diventare egemonico. In nome della sicurezza contro l'emergenza del nemico e del terrorista, i governi restringono le libertà e inducono i cittadini ad accettare limitazioni e invasioni nella loro vita privata che, in altri contesti, mai sarebbero state accettate.

Come inconfutabilmente si evince dalla situazione prodottasi negli Usa dopo l'attentato alle Torri Gemelle (New York, 11 settembre 2001), la situazione di crisi emergenziale, mettendo in discussione la sicurezza, diventa un metodo governamentale teso a

[1] Cfr. B. BARBER, *Guerra santa contro McMondo*, Pratiche, Milano 1998, pp. 92 sgg. [ed. or. *Jihad vs. McWorld*, 1995].

intensificare il controllo panoptico dei cittadini e a limitarne le libertà senza che mai si costituisca un generale moto di dissenso.

Il monoteismo del mercato, per potersi imporre come unica religione legittima, mira a esautorare tutte le altre. Deve rimuovere ogni limite politico, simbolico e sociale in grado di ostacolare l'estensione illimitata della forma merce. Deve, cioè, portare a compimento il processo di «sdivinizzazione»[2], come lo etichetta Heidegger, mediante il nuovo fondamentalismo illuministico e lo schieramento dell'«armata Brancaleone» dei laicisti che, con la loro falsa coscienza rischiarata, lottano contro ogni religione che non sia quella del mercato, contro ogni omelia che non sia quella economica e contro ogni provvidenza che non coincida con la mano invisibile della competitività planetaria.

Per convertire il mondo in un piano liscio per lo scorrimento delle merci e dei flussi finanziari, il fanatismo economico annichilisce ogni trascendenza, ogni contrapposizione tra alto e basso, ogni ulteriorità rispetto all'immanenza teologica del mercato, ogni capacità antagonistica e oppositiva. Distrugge l'idea di natura umana, per imporre quella dell'individuo isolato illimitatamente manipolabile. Annienta il diritto naturale e favorisce il nichilismo relativistico, di modo che mai possano essere razionalmente contestate l'innaturalezza e l'insensatezza dell'integralismo economico[3]. Promuove il disincantamento verso ogni religione, affinché si rinsaldi l'incantamento a favore della forma merce e non resti altra divinità che non

---

[2] M. HEIDEGGER, *L'epoca dell'immagine del mondo*, in ID., *Sentieri erranti nella selva*, Bompiani, Milano 2002, p. 92 [ed. or. *Die Zeit des Weltbildes*, 1938, in ID., *Holzwege*, 1950].

[3] Cfr. E. BLOCH, *Diritto naturale e dignità umana*, Giappichelli, Torino 2005 [ed. or. *Naturrecht und menschliche Würde*, 1961].

sia quella monetaria. Favorisce in ogni maniera l'avvento del nichilismo che Nietzsche, nelle pagine della *Gaia scienza* (§ 125), fa annunciare all'«uomo folle» in quel luogo niente affatto neutro che è il mercato: la morte di Dio è connessa con i processi di reificazione mercatistica denunciati da Marx.

Nella società di mercato, proprio come nel fantastico mondo delineato nel film *La storia infinita* (1984), tratto dall'omonimo romanzo, il nulla domina e avvolge ogni cosa. Divora ogni giorno le realtà che ancora non gli appartengono e favorisce il dilagare di un disincantamento che produce una generale resa di fronte all'insensatezza universale. Secondo quanto asserito da uno dei protagonisti, «è piú facile dominare chi non crede in niente», chi non ha sogni, simboli e utopie da contrapporre al vuoto di senso prodotto dal nichilismo del consumo.

L'idea stessa di un Dio dei cieli può sempre indurre a criticare, in suo nome, l'insensatezza dell'aldiqua. È su queste basi che, come sappiamo, viene articolandosi nell'*aetas christiana* il dissenso declinato politicamente come *ius resistentiae*. Se, come si sostiene nei Testi sacri, «bisogna obbedire a Dio piuttosto che agli uomini» (*At*, 5, 29), ne segue sillogisticamente che, in caso di contrasto tra l'ordine della *civitas terrena* e quello della *civitas Dei*, occorre dissentire rispetto al primo in nome del secondo.

Per questo, Tommaso d'Aquino, nella *Summa Theologiae*, può legittimare apertamente la *perturbatio*, ossia la «sedizione»: e sostenere espressamente che se i detentori del potere contraddicono la legge divina, mirando al bene individuale e non al *bonum commune*, «i sudditi non sono tenuti a obbedire»[4].

---

[4] TOMMASO D'AQUINO, *Summa Theologiae*, II, II, q. 104, 6.

Poiché il cristiano è tenuto «a ubbidire all'autorità superiore piú che a quella inferiore» (e alla seconda solo se non contrasta, ma realizza la prima), il vero disobbediente deve essere individuato nel tiranno, ossia in colui che pecca di *inoboedientia Deo*: chi si oppone al tiranno non crea disordine, ma lo contrasta nella giusta lotta orientata alla reintroduzione dell'ordine corrispondente alla *voluntas Dei*.

Il tirannicidio può, cosí, diventare la forma iperbolica di questo dissenso cristiano che si origina dal consenso verso l'ordine divino. In questa cornice, Giovanni di Salisbury, nel suo *Policraticus*, si spinge a qualificare come «lecita e gloriosa»[5] l'uccisione dei tiranni.

Secondo direzioni diverse e al di là di ogni possibile isomorfismo, lo *ius resistentiae* viene acquisito anche dalla modernità, giustificato piú sulla base del diritto naturale che sulla *voluntas Dei*. Lo si trova tematizzato, ad esempio, in John Locke. Questi, nel *Secondo trattato sul governo*, sostiene che un popolo vessato e oppresso può, con diritto, tradurre il proprio dissenso nelle forme che gli sono proprie, giacché «la volontà dell'uomo è intimamente ostinata, ribelle e avversa a ogni obbedienza»[6].

In questo orizzonte, risulta ancora una volta evidente la dinamica con cui il monoteismo del mercato genera il dissenso verso tutto ciò che lo limita, per rafforzare il consenso verso tutto ciò che lo asseconda.

Identificando la religione con il fanatismo superstizioso e delegittimando il diritto naturale e l'idea di natura umana come concetti autoritari in quanto nor-

---

[5] GIOVANNI DI SALISBURY, *Policraticus. L'uomo di governo nel pensiero medievale*, Jaka Book, Milano 1985, p. 265 [ed. or. *Polycraticus sive de nugis curialium et vestigiis philosophorum*, 1154-59].

[6] J. LOCKE, *Secondo trattato sul governo*, Rizzoli, Milano 1998, XI, 135, p. 245 [ed. or. *Second Treatise on Civil Government*, 1690].

mativi, il *mainstream* mediatico e giornalistico disattiva la possibile contestazione del disordine della civiltà dei consumi in nome vuoi dell'ordine della trascendenza, vuoi di una giustizia immanente. Restringe gli spazi del dissenso con la falsa promessa di una loro estensione. Impone una cattività reale e simbolica sempre piú capillare, giustificandola con il nome di «progresso».

Mutuando liberamente la sintassi di Heidegger, potremmo sostenere che, nella società del consenso universale e del conformismo di massa, il dissenso è esso stesso in preda al Si anonimo e impersonale: ciascuno dissente come si dissente. E questo non solo perché il dissenso si capovolge puntualmente in anticonformismo e, quindi, in un nuovo conformismo, che semplicemente rovescia il paradigma dominante già assumendolo come proprio riferimento.

Accanto a questo motivo, ve ne è un altro, cui già si è accennato. Facendosi sempre piú pervasivo e capillare, il potere gestisce il consenso e, sempre piú spesso, anche il dissenso. Piú precisamente, si crea il consenso pilotando, dirigendo e incanalando il dissenso, di modo che il primo sia garantito (e non messo a repentaglio), per via negativa, dal secondo.

È, ad esempio, quanto puntualmente accade nel quadro geopolitico posteriore al 1989. Per legittimare i bombardamenti etici e l'interventismo umanitario, il dominio a stelle e strisce deve prima favorire, nell'opinione pubblica, un dissenso generalizzato verso il Paese che si è aprioricamente stabilito di attaccare; dissenso che viene ottenuto ora denunciando la presenza di inesistenti armi chimiche o di distruzione di massa, come nel caso dell'Iraq del 2003, ora tramite il dispositivo della *reductio ad Hitlerum* del capo dello Stato da abbattere – Saddam, Milošević, Gheddafi, Assad ecc. –, di modo che sia possibile attivare il «modello

Hiroshima», il bombardamento giustificato come male necessario. In questo modo, l'aggressione militare non genera dissenso e non è mai percepita per quello che è, ossia per un ingiustificato gesto imperialistico, ma è anzi salutata dalle opinioni pubbliche manipolate come un intervento benefico e necessario.

Cosí, il dissenso non è soltanto disinnescato. È, di piú, dirottato nei circuiti del pensiero unico e posto al servizio di quest'ultimo. Con la sintassi di Orwell, il «Ministero della Verità» non cessa di fabbricare menzogne, il «Ministero della Pace» seguita ininterrottamente a generare guerre e il «Ministero dell'Amore» perseguita senza tregua chiunque non si adatti al nuovo ordine planetario.

A completare il quadro, deve essere ricordata l'istanza che, con Marcuse, potremmo qualificare della «tolleranza repressiva»[7]. Il fatto che il nuovo ordine conceda, con apparente generosità, libertà di ogni tipo, comprese quelle di contestazione, non solo non lede la riproduzione del sistema sociale. Paradossalmente, si capovolge in un fattore di potenziamento della repressione flessibile, che non viene piú avvertita come tale ma, appunto, come una forma compiuta di libertà.

Nel quadro dell'omologazione generalizzata e nell'universale introiezione della forma merce, il nuovo ordine mondiale può, pertanto, consentire nicchie di contestazione. Esse sono programmaticamente rese impotenti e inefficaci dal sistema mediante la desocializzazione e l'alienazione, ossia tramite la riduzione del tessuto sociale ad aggregato di atomi sradicati e reciprocamente ostili, monadicamente ripiegati in

---

[7] Cfr. H. MARCUSE, *La tolleranza repressiva* [ed. or. *Repressive Tolerance*, 1965], in R. P. WOLFF e altri, *Critica della tolleranza*, Einaudi, Torino 1968, pp. 79-105; MARCUSE, *L'uomo a una dimensione* cit., pp. 253-55.

se stessi e nella propria funzione di consumatori individuali che identificano in modo irriflesso la libertà con la scelta consumistica.

Nel tempo che Heidegger chiamava dell'«immagine del mondo» (*Weltbild*), in cui il reale è sostituito dalle sue icone distorte, la società totalmente amministrata può mostrarsi tollerante verso le opinioni antagoniste e verso i punti di dissenso, poiché essi sono incapaci di superare la cortina dell'ideologia diventata «si dice» mondializzato.

In antitesi con quanto sostenuto da Habermas e dall'«etica del discorso»[8], il dominio non si dissolve oggi nella «sfera pubblica» (*Öffentlichkeit*), ma vi si rinsalda, complice la proprietà privata dei mezzi di comunicazione oltre che di produzione. In quanto parte integrante di quelle idee dominanti che esprimono sempre gli interessi materiali dei dominanti, il *mainstream* mediatico delle informazioni a senso unico non fa che riconfermare i rapporti di forza. Con la sintassi di Debord, lo spettacolo non corrisponde a un insieme neutro di immagini, ma a un nesso sociale di tipo classista tra esseri umani, mediato da immagini[9]. Per poter essere praticato, l'agire comunicativo messo a tema da Habermas necessiterebbe di rapporti orizzontali tra individui liberi e uguali: ciò che è reso impossibile dall'ordine globale, il quale si regge strutturalmente, e non *per accidens*, sul classismo e sulle disuguaglianze[10]. Esso neutralizza in partenza la possibilità di un

[8] J. HABERMAS, *Etica del discorso*, trad. di E. Agazzi, Laterza, Roma-Bari 1989 [ed. or. *Moralbewußtsein und kommunikatives Handeln*, 1983]; ID., *Teoria dell'agire comunicativo*, il Mulino, Bologna 1987, 2 voll. [ed. or. *Theorie des kommunikativen Handelns*, 1981].

[9] Cfr. DEBORD, *La società dello spettacolo* cit., § 4.

[10] Cfr. M. FRANZINI e M. PIANTA, *Disuguaglianze. Quante sono, come combatterle*, Laterza, Roma-Bari 2016.

dialogo razionale tra dominati e dominanti: e, per ciò
stesso, confuta la tesi habermasiana secondo cui tutto, compresi i conflitti, si possa risolvere per mezzo
di convincimenti razionali reciproci. Da «banco del
macellaio»[11] – secondo l'immagine hegeliana – su cui
si succedono dolorosamente, di conflitto in conflitto,
le civiltà e i popoli, la storia universale viene, cosí,
trasfigurata da Habermas in una sorta di seminario
universitario per filosofi di professione.

Come l'odierno pacifismo delle masse impotenti
che sfilano salmodianti tra bandiere policrome non
è che l'introiezione del potere in un mondo intessuto
di violenza e aggressioni (ed è, dunque, la legittimazione del monopolio della violenza aperta dei dominanti e di quella silenziosa di un sistema che espropria
l'umanità del futuro), allo stesso modo l'habermasiana «etica del discorso» si configura, suo malgrado,
come una sofisticata quanto impotente assimilazione
dell'ordine delle cose, di quella divisione della società
in classi antagonistiche incomponibili tramite la semplice prassi dialogica.

---

[11] G. W. F. HEGEL, *Lezioni sulla filosofia della storia*, Laterza, Roma-Bari 2003, p. 25 [ed. or. *Vorlesungen über die Philosophie der Ge-
schichte*, 1837].

8.

Destra del denaro, sinistra del costume:
le due ali del potere

La problematica delle uscite dalla caverna sta
tutta qui, nel fatto che da dentro una caverna non
si può rappresentare che cosa una caverna sia.

H. BLUMENBERG, *Uscite dalla caverna*.

Il consenso di massa e il conformismo totale del
nuovo ordine mondiale sono garantiti e, insieme, oc-
cultati dal proliferare ipertrofico di dicotomie sterili.
La loro unica funzione è quella di moltiplicare prisma-
ticamente il pensiero unico, lasciandolo apparire plurale e sfaccettato. La cattività simbolica rinsaldata
da queste dicotomie ingannevoli dirotta permanentemente il dissenso verso altre direzioni rispetto alla
contraddizione principale, il nesso classista dell'economia di mercato, con l'alienazione che gli è coessenziale: e, per ciò stesso, neutralizza in forma pre-
ventiva la possibilità del costituirsi di un autentico
pensiero divergente.

Le dicotomie oggi imposte dal politicamente corretto, come quella tra destra e sinistra, tra atei e credenti, tra islamici e cristiani, tra fascisti e antifascisti,
tra stranieri e autoctoni, rendono invisibile la contraddizione – il nesso di forza capitalistico – e assumono
lo statuto di risorsa ideologica e simbolica per l'assog-
gettamento dell'opinione pubblica al profilo culturale di quella teologia della disuguaglianza sociale che è
l'odierna economia di mercato.

Il primo gesto di un dissenso autentico, non manipolato dall'ordine simbolico dominante, consisterebbe

nel congedo da queste false dicotomie e nella presa di posizione rispetto alla contraddizione reale.

Perché quest'operazione possa essere con successo portata a compimento, è in pari tempo necessario accomiatarsi dalle grandi narrazioni del nuovo clero, composto dagli intellettuali e dai giornalisti[1], quelli che, con Gramsci, potremmo qualificare come i nuovi «funzionari delle superstrutture», agenti del particolarismo ideologico. Nel loro profilo conformista e gregario, trova una sistematizzazione coerente quell'unione inscindibile di pensiero unico e di politicamente corretto in cui si condensa la sovrastruttura del nuovo ordine mondiale.

Quest'ultimo promuove esso stesso e, non senza efficacia, la frammentazione dispersiva dell'ira. Per un verso, lascia che essa ammutolisca nella solitudine individuale degli atomi privi di legame sociale, senza alcuna connessione reale che non sia quella di *internet*, essa stessa emblema dell'eremitismo di massa. E, per un altro verso, dirotta l'ira gravida di buone ragioni verso un perenne altrove rispetto alla contraddizione dominante, di modo che essa si diriga sempre e solo su contraddizioni secondarie, quando non fittizie, e mai sul nesso di forza capitalistico.

Per comprendere cosa realmente sia il potere, è sufficiente domandarsi chi tragga giovamento dalla permanente divisione degli ultimi tra rossi e neri, autoctoni e stranieri, atei e credenti, islamici e cristiani; divisione finalizzata a fare sí che l'ira degli offesi, anziché organizzarsi e compiere il moto ascensionale verso il potere stesso, resti imprigionata alla base della piramide, dando luogo alle infinite lotte tra gli ultimi.

---

[1] Cfr. C. PREVE, *Il ritorno del clero. La questione degli intellettuali oggi*, C.R.T., Pistoia 1999.

Dividendo, il potere comanda indisturbato, spesso senza nemmeno essere nominato: la tradizionale lotta verticale tra Servo e Signore è sostituita da quella orizzontale tra servi in conflitto tra loro.

Nel novero delle false dicotomie con cui l'ordine dominante rinsalda se stesso frammentando e manipolando il dissenso, deve essere registrata anche l'ormai obsoleta opposizione topologica tra destra e sinistra. Il pensiero unico delle oligarchie finanziarie transnazionali è di destra in economia (potere del denaro), di centro in politica (potere del consenso) e di sinistra in cultura (potere dell'innovazione del costume)[2]. Lo smantellamento progressista e di sinistra delle forme di vita tradizionali borghesi e proletarie, sempre in nome della modernizzazione, è, infatti, funzionale a un allargamento del mercato e del connesso potere della destra del denaro.

Dopo avere per larga parte della modernità veicolato due diverse visioni del mondo e alimentato uno scontro agonale tra ideologie differenti e mutuamente esclusive, destra e sinistra si rivelano oggi interscambiabili. Esse fanno del neoliberismo un'aquila a doppia apertura alare[3]. L'anticomunitaria e globalista «destra del denaro» detta le regole economico-finanziarie tutelanti gli interessi dell'apolide *global class* post-borghese. La «sinistra del costume» fissa i modelli e gli stili di vita funzionali alla riproduzione del sistema dell'integralismo economico (godimento individualistico, relativismo, nichilismo, laicismo assoluto, abbandono dell'anticapitalismo e dell'anti-imperialismo ecc.).

---

[2] Cfr. *ibid.*, pp. 25-45.

[3] Cfr. J.-C. MICHÉA, *Il vicolo cieco dell'economia. Sull'impossibilità di sorpassare a sinistra il capitalismo*, Eleuthera, Milano 2004 [ed. or. *Impasse Adam Smith. Brèves remarques sur l'impossibilité de dépasser le capitalisme sur sa gauche*, 2002]. Si veda anche ID., *Le complexe d'Orphée. La Gauche, les gens ordinaires et la religion du progrès*, Climats, Paris 2011.

La destra del denaro fissa la struttura, la sinistra del costume pone la sovrastruttura. La destra del denaro necessita fisiologicamente del profilo antropologico dell'atomo consumatore che, permanentemente privato di passioni utopiche e antiadattive, non crede in nulla se non nel mercato: e la sinistra del costume procede alla diffusione della cultura del nichilismo e del disincantamento, favorendo il transito dalla concezione dell'emancipazione come rivoluzione sociale e politica a quella della libertà come proprietà dell'individuo isolato portatore di diritti civili e realizzato nelle forme dello scolpimento narcisistico del proprio io isolato e del godimento disinibito.

La destra del denaro aspira a poter diffondere senza limiti e resistenze la forma merce e il codice del valore di scambio. Dal canto suo, la sinistra del costume diffonde il programma nichilistico di demolizione dei valori tradizionali (la nietzscheana «trasvalutazione di tutti i valori»); programma che è lo stesso integralismo economico a perseguire, in vista dell'abbattimento di ogni limite – etico e religioso – in grado di impedire, o anche solo di rallentare, il ritmo sempre piú incalzante dell'onnimercificazione iperedonistica.

Se la destra del denaro, con la deregolamentazione del lavoro, rende i giovani precari fino a settant'anni, quando non direttamente disoccupati, e impedisce loro di costruirsi una famiglia, la sinistra del costume giustifica sovrastrutturalmente questi processi delegittimando l'istituto della famiglia come forma borghese superata e glorificando la precarietà come stile di vita, senza vincoli etici di matrice borghese.

Se la destra del denaro stabilisce che gli Stati nazionali sono un'invenzione – il «Ministero della Verità», come insegna Orwell, falsifica la storia e la riscrive sempre da capo *ad usum sui* – e che l'unica realtà esistente è il *one world* del mondo globalizzato e ridotto a piano liscio del mercato sovrano internazionale, con annessa delocalizzazione del lavoro, volatilizzazione dei capitali e rimozione dei diritti in nome della competitività imposta dalle «sfide della globalizzazione»; ebbene, la sinistra del costume giustificherà sovrastrutturalmente tutto questo mediante l'elogio salmodiante della mondializzazione come paradiso dei viaggi *low cost* e dell'inglese per tutti, mediante la magnificazione degli *united colors* di una falsa multiculturalità in cui tutte le culture sono sussunte sotto il modello unico del mercato, ma poi anche mediante l'elaborazione concettuale del nuovo profilo antropologico dell'uomo migrante, deterritorializzato e senza radici.

Se, ancora, la destra del denaro decreta che la religione è un ostacolo rispetto al dilagare nichilistico della forma merce e che bisogna liberarsene per convertirsi al monoteismo del mercato come unica teologia riconosciuta legittima, allora la sinistra del costume giustificherà ciò mediante la difesa compulsiva di forme liturgiche di ateismo religioso nemiche di ogni divinità che non sia l'economia.

Se la destra del denaro decide che a esistere è solo l'individuo consumatore e che «la società non esiste», allora la sinistra del costume delegittimerà ogni forma di comunità, santificando l'atomo individuale portatore di diritti civili e favorendo in ogni modo la cultura del narcisismo[4].

Ancora, se la destra del denaro aspira a ridurre l'umanità a un pulviscolo di monadi senza identità e sen-

---

[4] Cfr. C. LASCH, *La cultura del narcisismo. L'individuo in fuga dal sociale in un'età di disillusioni collettive*, Bompiani, Milano 1981 [ed. or. *The Culture of Narcissism. American Life in an Age of Diminishing Expectations*, 1979].

za spessore culturale, infinitamente manipolabili dalla pubblicità e dal circuito della società dei consumi, la sinistra del costume delegittimerà l'idea stessa di natura umana come *ab intrinseco* autoritaria e silenzierà come omofobo e sessista chiunque ritenga che secondo natura vi siano uomini e donne, padri e madri.

Da una diversa angolatura, la sinistra del costume gestisce oggi il dissenso verso tutto ciò che possa frenare e limitare la destra del denaro, la mercificazione integrale e l'economicizzazione totale dell'esistente. Il dissenso su cui la sinistra del costume si fonda e a cui educa si pone come fondamento per il consenso della civiltà del classismo e dell'alienazione planetari.

9.

Il pensiero unico politicamente corretto

> Nessun pastore e un solo gregge! Tutti vogliono le stesse cose, tutti sono uguali: chi sente diversamente, se ne va da sé al manicomio.
>
> F. NIETZSCHE, *Cosí parlò Zarathustra.*

Una funzione di primaria importanza nell'amministrazione del consenso di massa e dell'ordine simbolico è svolta dal ceto intellettuale, oltre che dal clero giornalistico e dal circo mediatico. Se il clero giornalistico non crede in nulla e parla di tutto, glorificando sempre e comunque il monoteismo del mercato, il circo mediatico, dal canto suo, esibisce una realtà «mediatizzata» e ritagliata su misura per promuovere l'adesione supina delle masse all'esistente, inducendole a odiare gli oppressi e ad amare gli oppressori. Il fondamento dello spettacolo giornalistico e televisivo riposa nel rovesciamento della proposizione di Hegel esprimente l'identità di reale e razionale nella nuova formula per cui «ciò che è virtuale è reale, e ciò che è reale è virtuale».

Come suggerito da Pierre Bourdieu[1], gli intellettuali, sacerdoti del disincanto, costituiscono il polo dominato della classe dominante. Dispongono di uno specifico «capitale culturale», ma per poterlo fare fruttare debbono venderlo ai dominanti. Esso, di conseguenza, non può mai essere veramente dissonante

---

[1] Cfr. P. BOURDIEU, *Campo del potere e campo intellettuale*, Lerici, Cosenza 1978 [ed. or. *Champ du pouvoir, champ intellectuel et habitus de classe*, 1971]; ID., *La responsabilità degli intellettuali*, Laterza, Roma-Bari 1991 [ed. or. *La responsabilité des intellectuels*, 1993].

rispetto alla rigorosa ortodossia imposta dalla conservazione dell'esistente. Né può realmente confliggere con l'ordine delle cose in cui si cristallizza l'egemonia dei dominanti. Per questa ragione, il compito del clero intellettuale consiste nella mediazione simbolica tra i dominati e i dominanti, garantendo che i secondi restino tali anche sul piano sovrastrutturale.

L'odierno desolato scenario di totale integrazione al *Deus mortalis* del mercato produce fisiologicamente uno spirito gregario e identitario di appartenenza da parte del clero degli intellettuali. Da organizzatori del dissenso e dello spirito di scissione (dal *je accuse* di Zola all'«io so» di Pasolini), essi sono divenuti meri duplicatori dell'esistente, semplici amministratori del consenso o, tutt'al piú, di un dissenso il cui unico scopo è quello di rinsaldare il conformismo di massa[2]. Si pensi anche solo, tra i tanti, al caso francese di Bernard-Henri Lévy, sempre in prima linea nel promuovere il dissenso verso il dissenso e nel gestire il conformismo dell'opinione pubblica.

Animati da una forma postmoderna della «boria dei dotti» tematizzata da Vico, gli intellettuali si muovono oggi a banchi come i pesci. Afflitti da una perenne agorafobia intellettuale, seguono le correnti del pensiero unico politicamente corretto e nuotano nel mare infinito del neoconformismo. Rifiutano ogni innovazione teorica e promuovono in modo compulsivo il rispecchiamento dell'esistente, proprio quando si illudono di esercitare liberamente la critica demistificante. Quest'ultima, per radicale che possa essere, nella misura in cui accetta il dettato del politicamente

---

[2] Si veda Z. BAUMAN, *La decadenza degli intellettuali. Da legislatori a interpreti*, Bollati Boringhieri, Torino 1992 [ed. or. *Legislators and Interpreters. On Modernity, Post-Modernity and Intellectuals*, 1987].

corretto e della sua fissazione di ciò che si può o non si può dire, si muove sempre nello spazio preordinato dal potere: e, per ciò stesso, risulta ineludibilmente ineffettuale.

Nel suo senso piú ampio, il pensiero unico politicamente corretto coincide con l'insieme piú o meno coerentizzato concettualmente dei messaggi che assecondano e confermano le geometrie del potere e ai quali il ceto intellettuale deve aderire per poter continuare a «vendere» il proprio «capitale culturale» ai dominanti. Il pensiero unico riconferma sempre di nuovo la struttura economica dominante: e, in maniera simmetrica, genera un perenne senso di agorafobia in chiunque si discosti dai perimetri dell'ordine simbolico preordinato. Produce familiarità e connivenza con l'insensatezza innalzata a solo senso possibile.

Il luogo di riproduzione privilegiato del profilo dell'intellettuale e del suo peculiare sonno dogmatico coincide oggi con lo spazio manipolato dei giornali, ma poi anche con il recinto chiuso delle università come avamposti e luoghi di addestramento al pensiero omologato. Complessivamente considerato, e dunque prescindendo dalle preziose eccezioni, il sapere universitario costituisce, infatti, il luogo di organizzazione culturale del pensiero unico. L'omologazione di massa e il consenso universale si fondano sull'adesione al neoliberismo in sede economica e al pensiero unico politicamente corretto in ambito culturale.

Per questa ragione, sono oggi prevalenti, presso il clero accademico, 1) il codice del totalitarismo in ambito storiografico, per gestire il dissenso verso ogni esperienza reale o immaginaria che non coincida con il capitalismo assoluto e con l'ordine neoliberista; 2) l'imposizione dell'uso della lingua inglese, affinché i popoli si congedino dalla loro lingua-madre e il solo linguaggio compreso e parlato sia la «neo-lingua» del mercato finanziario; 3) la glorificazione dei procedu-ralismi e del disincanto, con annessa ostracizzazione di ogni passione utopica, di modo che si possano por-re le forme e le procedure, ma mai scalfire la sostanza (rapporti di forza, mercato ecc.); 4) la delegittimazione dello Stato nazionale democratico come episodio del passato o, alternativamente, come comunità immagi-naria e strutturalmente pericolosa, perché mai possa essere messo in questione l'ordine spoliticizzato del mercato globale; 5) l'idiosincrasia organizzata verso il pensiero dialettico e la storicità, perché mai si ricosti-tuiscano il «sogno di una cosa» e il conflitto in vista di futuri alternativi all'insegna di rapporti tra uomini liberi e uguali; 6) la promozione in stile pubblicitario dei realismi come filosofie dell'adattamento a una realtà proclamata inemendabile; 7) l'apologia compulsiva del relativismo e del nichilismo, nonché la ridicolizzazio-ne di ogni istanza veritativa, di modo che mai possa essere criticata la falsificazione totale dei rapporti so-ciali; 8) l'adesione manichea e servile all'imperialismo atlantista salutato come migliore ordine possibile, con conseguente demonizzazione di ogni possibile multi-polarismo e di ogni forza antagonista nello scacchie-re internazionale (subito stigmatizzata come «nuovo Hitler»); 9) la religione olocaustica, che sostituisce il dovere della giusta memoria razionale e del ricordo delle tragedie teso a evitare che si ripetano in futuro con un approccio religioso che – utilizzando le vittime come pretesto ideologico e, dunque, uccidendole una seconda volta – è finalizzato a colpevolizzare eterna-mente gli europei e a giustificare la permanenza *sine die* delle basi militari statunitensi nel vecchio continente.

10

Ideologia del medesimo

> La pretesa che tutti gli uomini debbano somigliarsi si ingrandisce grazie a ciò di cui si nutre. Se l'opposizione attende che la vita sia quasi ridotta a un unico modello uniforme, allora ogni deviazione da tale modello verrà considerata empia, immorale, addirittura mostruosa e contraria alla natura. Gli individui diventano ben presto incapaci di concepire la diversità allorché per qualche tempo abbiano perso l'abitudine di vederla.
>
> J. S. MILL, *Sulla libertà*.

Il conformismo di massa che nega aprioricamente ogni possibile dissenso procede di conserva con la conformazione planetaria imposta dal ritmo della mondializzazione capitalistica.

Il loro tratto comune risiede nell'aspirazione alla soppressione delle differenze e, con esse, delle alternative, di modo che ovunque trionfino quelle che, con Marcuse e Heidegger, potremmo qualificare come l'«unidimensionalità» e l'«uniformazione» (*Einförmigkeit*).

Il fanatismo economico, proprio come il conformismo di massa, si regge sull'ideologia del medesimo[1], espressione di un capitalismo autoriflessivo che vuole vedere rispecchiato e riprodotto ovunque, sempre e solo se stesso.

Esso aspira a riflettersi in ogni cellula della realtà, annichilendo ogni modo di esistere, di pensare, di parlare e di scambiare che non sia quello modellato secondo l'assiomatica del *do ut des* liberoscambista.

[1] Cfr. A. DE BENOIST, *Sull'orlo del baratro. Il fallimento annunciato del sistema denaro*, Arianna, Bologna 2012, pp. 34-52.

Il capitale aspira a vedere ovunque se stesso e, per questo motivo, mira a diventare *absolutus*, senza ostacoli e senza limitazioni, sia a livello di estensione, sia a livello di intensità: a livello di estensione, nella misura in cui la cosiddetta globalizzazione corrisponde alla sussunzione del mondo intero sotto il *Nomos* dell'economia; a livello di intensità, in quanto il nichilismo della forma merce aspira ad abbattere ogni identità, ogni dissenso, ogni elemento critico e culturale per colonizzare integralmente l'immaginario umano.

La soppressione delle differenze propria della dinamica della mondializzazione è essa stessa coerente con il dispiegamento dell'illimitata volontà di potenza del dominio tecnico che mira a rendere l'essente, nella sua totalità, puramente sfruttabile e consumabile, mera quantità senza qualità. Per questo, l'accumulazione planetaria intreccia livellamento e disuguaglianza: uniforma il pianeta e, insieme, dà luogo a uno sviluppo sempre piú diseguale. Egualizza il mondo nella disuguaglianza economica. La segreta norma immanente dell'accumulazione capitalistica resta, infatti, lo sviluppo disuguale, il livellamento forzato e la creazione di differenze quantitative che si capovolgono dialetticamente in diversità qualitative.

Il nuovo ordine mondiale classista non tollera Stati nazionali democratici e famiglie, lingue nazionali e culture, identità e comunità solidali, visioni del mondo plurali e prospettive critiche, moti contestativi verticali e coscienza critica di classe. Esso aspira a vedere ovunque il medesimo, il piano liscio del mercato globale, con protagonisti assoluti i flussi della finanza e la circolazione delle merci, e con la riduzione dell'umanità a un pulviscolo di atomi senza identità e senza spessore culturale, meri consumatori anglofoni senza qualità, incapaci di parlare e di intendere altra lingua rispetto a quella reificata dell'economia e divisi nei due poli, sempre piú palesemente diseguali, del Servo precarizzato e riplebeizzato, da una parte, e del Signore neofeudale, neo-oligarchico e incontrastato, dall'altra.

In luogo della rassicurante e tautologica formula «globalizzazione», con cui l'ordine del discorso presenta come naturale e irreversibile il processo di sussunzione del pianeta sotto il capitale, sarebbe opportuno impiegare il neologismo «globalitarismo»: la mondializzazione del mercato coincide, infatti, con quell'onniavvolgente totalitarismo realizzato su scala planetaria che, senza frontiere che lo separino da altre realtà, nulla lascia fuori di sé.

La cultura può esistere sempre e solo al plurale, come dialogo tra culture differenti, che si rapportano secondo la loro comune appartenenza all'universale umano. Solo chi dispone di un'identità culturale può rispettare quelle altrui e misurarsi dialogicamente con esse. Il rispetto dell'altro non può, allora, fondarsi sulla negazione del proprio, come vorrebbe quel nichilismo del mercato che aspira a rimuovere ogni alterità culturale con il solo fine di imporre ovunque il medesimo (merci e finanza, consumo e calcolo).

Per i Greci, anche in questo piú saggi di noi, l'ospitalità verso lo «straniero» (ξένος) non comportava la rinuncia alla propria identità culturale greca. Essa costituiva, anzi, il presupposto per l'apertura all'altro e per un fecondo confronto con le culture diverse dalla propria.

La dinamica della mondializzazione capitalistica, imponendo una sola cultura, si risolve nella soppressione della cultura in quanto tale, sostituita dalla reificante *reductio ad unum* dell'uomo senza identità e senza spessore critico.

Finge di voler valorizzare le culture chiedendo a

ciascun popolo di rinunciare alla propria per aprirsi alle altre: e, cosí, ottiene l'inconfessabile obiettivo dell'annullamento delle culture in quanto tali, sostituite dal vuoto nichilistico della sottocultura del consumo.

L'*absurdum* risiede nell'assunto secondo cui la negazione della propria identità sia condizione preliminare necessaria per non essere chiusi a niente e a nessuno: come se occorresse affrancarsi dalla propria condizione storica e dalle proprie radici culturali per accedere a una condizione umana neutra, astratta e universale. Ma la vera apertura alle alterità non può essere nel vuoto, ma solo tra interlocutori che abbiano prospettive, cultura, radicamento, identità e, non da ultimo, qualcosa da dirsi.

Nel quadro del mondialismo, il disinnesco della capacità di utopia e di dissenso procede congiuntamente con la destrutturazione della cultura e, in generale, del patrimonio simbolico come giacimento di possibilità e di senso, di indocilità operativa e di progettazione di futuri nobilitanti. Per questo, oggi, l'integralismo economico favorisce lo smantellamento di ogni patrimonio simbolico-culturale e il congedo di ogni riserva di senso; di modo che possa ubiquitariamente trionfare l'imperativo che impone ai popoli e alle culture di allinearsi con il solo modello consentito del cosmopolitismo alienato e sradicato, asimbolico e aprospettico della mondializzazione economica.

In questo senso, il capitalismo è «eterofobo». Non tollera l'alterità, la pluralità, il differente, il molteplice. Nella *reductio ad unum* si condensa la sua essenza. Esso mira a un consenso planetario, a un piano liscio reale e simbolico, a un mercato mondiale senza ostacoli e senza spigoli, senza frontiere e senza dissensi, senza barriere reali e simboliche che ne arginino l'allargamento.

Per questo, il profilo antropologico dominante è oggi, con Musil, quello dell'«uomo senza qualità», nichilisticamente alleggerito da ogni legame solidale, da ogni spessore critico, da ogni patrimonio simbolico e da ogni identità culturale. Lo si evince chiaramente dalla già piú volte richiamata assunzione dell'economico come unica risorsa di senso, ma poi anche dalla tendenza, sempre piú in voga e tutto fuorché marginale, a produrre un'uniformazione planetaria nell'ambito delle tradizioni alimentari.

Anche il cibo figura, in effetti, tra le risorse del patrimonio simbolico umano. La formula di Feuerbach, in accordo con la quale «l'uomo è ciò che mangia»[2] (*der Mensch ist, was er isst*), deve pertanto essere considerata nella sua accezione piú ampia, non esclusivamente materiale. Nell'alimentazione, infatti, come già evidenziava Claude Lévi-Strauss ne *Il crudo e il cotto* (1964), è custodita anche la pluralità delle culture e delle tradizioni, dei modi di essere e di relazionarsi con l'ambiente; a tal punto che, variando l'asserto di Feuerbach, ci si potrebbe avventurare a sostenere che l'uomo è anche ciò che non mangia, poiché le tradizioni e i costumi vengono costituendosi pure sulla base di prescrizioni che interdicono il consumo di cibi specifici.

Il ritmo della mondializzazione, in coerenza con la sua logica, aspira ad abbattere le culture plurali in nome della monocultura del mercato e del consumo. Per questo, sempre piú spesso assistiamo e assisteremo alla sostituzione dei cibi in cui si condensano lo spirito dei popoli e la civiltà di cui essi sono figli – carni

---

[2] Cfr. L. FEUERBACH, *L'uomo è ciò che mangia*, Morcelliana, Brescia 2015 [ed. or. *Das Geheimnis des Opfer, oder der Mensch ist, was er isst*, 1862].

rosse, formaggi, alimenti locali – con surrogati creati *ad hoc*, e piú precisamente con vivande prodotte da multinazionali (le stesse, magari, che finanzieranno le operazioni con cui si deciderà cosa è sano e cosa non lo è). In questo modo, i gusti saranno resi orizzontali su scala planetaria. Si creerà un'unica maniera di mangiare omologata, priva di screziature e di diversità, o, se si preferisce, un *idem sentire* mondiale che si porrà come variante gastronomica del consenso di massa. Il gesto della nutrizione sarà appiattito alla sua dimensione meramente materiale, senza piú alcuno spazio per l'elemento simbolico e culturale. Questo ci permette di sostenere che il gastronomicamente corretto è la variante alimentare del politicamente corretto, proprio come il «piatto unico» diventa l'equivalente del pensiero unico.

Dopo la limitazione di ciò che si può dire e pensare, viene cosí imponendosi la nuova regolamentazione di quel che è lecito mangiare e bere. E forse, in un futuro nemmeno troppo remoto, le tradizioni locali e strapaesane saranno abolite e sostituite con il nuovo menú mondializzato di cibi gastronomicamente corretti, controllato dalle multinazionali e uguale da Roma a Tokyo, da Madrid a Los Angeles, secondo una logica di imperialismo gastronomico del tutto coerente con il ritmo proprio della mondializzazione.

Dal Sessantotto, il capitale opera in vista dell'integrale desimbolizzazione. Sancendo l'uguale illegittimità di tutte le figure tradizionali dell'autorità (etica borghese, legame religioso, figura del padre, cultura classica), delegittima le ultime isole di resistenza all'onnimercificazione: e, per questa via, favorisce il compimento del nichilismo della società del mercato, in cui l'unico valore è quello di scambio e il solo simbolo è il denaro.

Le proteste del Sessantotto, anche al di là della coscienza dei loro fautori, furono antiborghesi e, per ciò stesso, ultracapitalistiche. Annientando i residui del mondo borghese, favorirono l'avanzata di un capitale ormai postborghese[3]. Identificando il nemico nell'autorità borghese, i movimenti del Sessantotto aprirono la strada a un mercato postborghese, *gauchiste* e sessantottesco, per cui tutto è permesso purché si disponga del corrispondente valore di scambio. La forma merce non conosce, infatti, né tradizione, né autorità, ma solo illimitata circolazione senza barriere morali e religiose, senza confini etici o statali.

Per colonizzare il reale e il simbolico, il mercato deve strutturalmente promuovere l'allentamento del Superio, affinché il desiderio non sia piú disciplinato dalla legge e possa esprimersi nella disinibita forma del *plus ultra* sempre risorgente. L'odierno assetto globalitario si presenta, allora, nella forma di un economicismo libertario: è *economicistico*, perché si fonda sul monoteismo del mercato e sulla teologia economica (sfide della globalizzazione, vincolo del debito, *rating*, crescita infinita). Ed è *libertario*, in quanto ha smantellato la vecchia e austera cultura borghese dell'eticità e, insieme, la cultura proletaria del lavoro e delle lotte di classe. Ha assimilato, in forma alienata, i principî del Sessantotto (vietato vietare, godimento disinibito e senza differimenti) e ha assunto come figure paradigmatiche quelle del migrante deterritorializzato e dello sradicamento nomade, accomiatandosi da quelle dell'artigiano borghese e del lavoratore proletario.

[3] Me ne sono occupato estesamente nel mio *Minima mercatalia* cit., cap. v. Si veda, inoltre, C. PREVE, *L'alba del Sessantotto. Una interpretazione filosofica*, C.R.T., Pistoia 1998. Cfr. anche G. LIPOVETSKY, *Una felicità paradossale. Sulla società dell'iperconsumo*, Cortina, Milano 2007 [ed. or. *Le bonheur paradoxal. Essai sur la société d'hyperconsommation*, 2006].

Per questo, il capitalismo assoluto è oggi incompatibile tanto con Marx, quanto con Hegel. Non può, infatti, accettare né il «sogno di una cosa» di un futuro redento per mezzo della passione trasformatrice, né la vecchia «eticità» (*Sittlichkeit*) borghese composta dallo Stato, dalla famiglia tradizionale, dalla scuola, dall'educazione religiosa e classica; eticità che pure era sorta in seno al mondo borghese e che il capitale deve, però, travolgere nella sua marcia per potersi imporre in forma assoluta e illimitata, dunque postborghese.

Heideggerianamente inautentica e marxianamente alienante, la «mobilitazione totale»[4] del tecnocapitalismo trasforma ogni ente in prodotto consumabile e sfruttabile, tutto riconducendo alla dimensione della cifra, del calcolo e della quantità. L'organizzazione totale e la pianificazione calcolante della produzione e del consumo, del consenso e del dissenso, genera un livellamento planetario che, con la sintassi di Heidegger, potremmo qualificare come «scompiglio» (*Verwirrung*) globale:

> La cosa che piú intrica dello scompiglio consiste nel suo livellare tutti i tipi di intendere e credere, tutti i modi di pensare e le forme espositive, sull'indifferenziato di un modo rappresentativo ovunque persuasivo e impositivo. L'autenticità e pericolosità dello scompiglio non sta in un disordine manifesto di una varietà di modi rappresentativi, bensí nello spianamento discreto di tutti i modi su un unico, la cui legittimità esclusiva non lascia nascere piú alcun dubbio. Se l'intricamento autentico consiste nel livellamento delle differenze, allora l'intricamento ha la sua provenienza nell'incapacità alla differenziazione[5].

---

[4] Cfr. E. JÜNGER, *La mobilitazione totale*, in «il Mulino», n. 301, 1985, pp. 753-70 [ed. or. *Die totale Mobilmachung*, 1930].

[5] M. HEIDEGGER, *Pensieri-guida sulla nascita della metafisica, della scienza contemporanea e della tecnica moderna*, Bompiani, Milano 2014, p. 507 [ed. or. *Leitgedanken zur Entstehung der Metaphysik, der*

Unione esplosiva di anarchia e di ordine, di entropia del mercato e di controllo capillare delle coscienze, la mondializzazione come ideologia del medesimo e della «incapacità alla differenziazione», vuoi anche come imperialismo inclusivo che tutto ingloba negando il diritto alla differenza, «pone tutto in vista dell'*uguale (das Gleiche)* dell'ordinabile, affinché esso torni costantemente a ripresentarsi nella stessa forma nell'Uguale dell'ordinabilità»[6], animato dal *cupio dissolvi* del cattivo infinito della crescita.

Il tecnocapitalismo tende, allora, a livellare il pianeta, facendone un unico impianto di produzione e di scambio, un «ordine sempre piú desolato di entità uniformi»[7] orientato a quell'incremento smisurato e autoreferenziale in forza del quale la terra è «completamente esposta alla costrizione della macchinazione e dell'economia calcolante»[8].

La *Weltnacht*, la «notte del mondo» evocata da Heidegger[9], corrisponde all'avvento delle tenebre in cui le differenze e le forme plurali degli essenti spariscono nel buio dell'uniformità planetaria, che tutto livella ed eguaglia, perché tutto riduce alla materialità utilizzabile e alla quantità sfruttabile.

Quella della mondializzazione è, nella sua essenza, una logica di neutralizzazione del piano trascendente

---

neuzeitlichen Wissenschaft und der modernen Technik (vol. 76 della *Gesamtausgabe*, pubblicato nel 2009)].

[6] ID., *Sguardo in ciò che c'è*, in ID., *Conferenze di Brema e Friburgo*, trad. di G. Gurisatti, Adelphi, Milano 2002, p. 56 [ed. or. *Einblick in das was ist. Bremer Vorträge*, 1949].

[7] ID., *La locuzione di Anassimandro*, in ID., *Sentieri erranti nella selva* cit., p. 385 [ed. or. *Der Spruch des Anaximander*, 1946].

[8] ID., *Contributi alla filosofia (dall'evento)* cit., p. 279.

[9] ID., *A che i poeti nel tempo della povertà?*, in ID., *Sentieri erranti nella selva* cit., p. 376 [ed. or. *Wozu Dichter in dürftiger Zeit?*, 1946].

(di qui l'attacco permanente rivolto alle religioni del cielo) e, piú in generale, di ogni dimensione non affine alla pura materialità quantitativamente determinabile della forma merce; neutralizzazione che è, a sua volta, simbolicamente affine all'unificazione spaziale del mondo ridotto a piano liscio globale per l'illimitato scorrimento multidirezionale delle merci.

Se si volesse impiegare la coppia dicotomica di terra e mare proposta da Schmitt[10], si potrebbe ragionevolmente sostenere che la dinamica del mercato transnazionale è, per definizione, marittima[11]: si sviluppa in un mondo liscio, senza frontiere né punti fermi, senza alto né basso, in una realtà in cui tutto ciò che è leggero galleggia in superficie e ciò che ha un peso sprofonda negli abissi. La distesa marina, proprio come il mercato finanziario, conosce solo onde, flussi e riflussi.

[10] Cfr. C. SCHMITT, *Terra e mare. Una riflessione sulla storia del mondo*, Adelphi, Milano 2002 [ed. or. *Land und Meer. Eine weltgeschichtliche Betrachtung*, 1942].

[11] Cfr. DE BENOIST, *Sull'orlo del baratro* cit., p. 153.

Come Glauco, dio del mare: la manipolazione

> Dobbiamo ora rivolgere l'attenzione alla presente condizione dell'anima che vediamo incrostata da mali innumerevoli, come Glauco, il dio del mare, la cui forma originaria può a mala pena essere distinta, perché parti del suo corpo sono state spezzate o corrose o completamente sfigurate dalle onde. Si sono poi aggiunte incrostazioni, erbe, pietre e conchiglie, per cui ora Glauco assomiglia a qualunque altro essere e non piú a se stesso.
>
> PLATÓNE, *Repubblica*.

Il selvaggio automatismo del tecnocapitalismo produce a propria immagine e somiglianza gli automatismi del pensare e dell'agire. Fa degli uomini i «funzionari della tecnica»[1] denunciati da Heidegger e i «meri uomini di fatto»[2] criticati da Husserl, incapaci di sentire altrimenti e di avvertire il peso opprimente della positività tecnica ed economica.

È in questa cornice che l'atrofizzazione endogena del dissenso sostituisce la sua attiva persecuzione ad opera del potere. La comunicazione di massa e lo spettacolo mediatico standardizzano i messaggi e le risposte, uniformano le attese e le richieste, preordinano le risposte e le reazioni, programmano i bisogni

[1] M. HEIDEGGER, *La parola di Nietzsche «Dio è morto»*, in ID., *Sentieri erranti nella selva* cit., p. 271 [ed. or. *Nietzsches Wort » Gott ist tot«*, 1943, in *Holzwege*, 1950].

[2] E. HUSSERL, *La crisi delle scienze europee e la fenomenologia trascendentale. Introduzione alla filosofia fenomenologica*, il Saggiatore, Milano 1983, p. 35 [ed. or. *Die Krisis der europäischen Wissenschaften und die transzendentale Phänomenologie. Eine Einleitung in die phänomenologische Philosophie*, 1936 (pubblicato nel 1950)].

e i desideri, simulano una libertà di scelta ove gli scelti riconfermano sempre di nuovo l'ordine esistente.

Ne scaturiscono un generalizzato disorientamento della capacità critica e una capillare diffusione dell'obbedienza alle esigenze indotte dall'organizzazione tecnica automatizzata.

Il consenso di massa risulta esso stesso un prodotto degli automatismi della società totalmente amministrata, l'esito niente affatto neutro di un'irriflessa e inerziale adesione all'ordine sociale interiorizzato nella forma di una seconda natura.

Complici le prestazioni del pensiero unico ovunque amplificato dalle roboanti retoriche ideologiche, gli individui finiscono per «adagiarsi sul piano dell'uniformità organizzata e per installarsi in essa»[3]. La loro anima è oggi incrostata da ideologie e da grandi narrazioni di ogni genere, aventi per effetto costante la neutralizzazione apriorica della capacità di dissentire. Manipolata senza sosta, l'anima diventa simile a quel Glauco dio del mare di cui narra Platone nella *Repubblica*. Come Glauco, anch'essa non si lascia piú distinguere nella sua vera forma, perché le sue parti sono state spezzate, corrose e trasfigurate dalle onde e dal salino, dalle alghe e dalle conchiglie, «per cui ora Glauco assomiglia a qualunque altro essere e non piú a se stesso» (*Repubblica*, 611d).

Come Glauco, anche l'anima dell'uomo disperso nel mare infinito del conformismo planetario, lungi dall'essere vuota – come troppo spesso si ripete –, è sovraccarica, inondata com'è di merci e di pulsioni controllate, di desideri indotti e di opinioni manipo-

---

[3] M. HEIDEGGER, *L'epoca dell'immagine del mondo*, in ID., *Sentieri erranti nella selva* cit., p. 97 [ed. or. *Die Zeit des Weltbildes*, 1938, in *Holzwege*, 1950].

late che la esortano a essere sempre meno se stessa e sempre piú congruente con l'apparato tecnocapitalistico[4]. È l'apogeo della «burocratizzazione dello spirito»[5], della sua automatica conformazione alle funzioni sistemiche. Nel quadro del conformismo generalizzato, in cui ogni anelito di riconoscimento e uguaglianza si perverte puntualmente in mortificante omologazione di massa, ciascuno è libero di volere e fare ciò che vuole: e, poi, tutti inesorabilmente vogliono e fanno le stesse cose. Un'uguaglianza in cui spariscono le differenze favorisce occultamente il proliferare ipertrofico della disuguaglianza fondata sull'omologazione qualitativa e sulla massima diversità quantitativa possibile[6].

Come si è sottolineato, il livellamento che i tradizionali regimi totalitari riuscivano a imporre con la violenza fisica e con l'estetica dei supplizi è, oggi, ottenuto dal programma della civiltà mediante le prestazioni suadenti della merce e della manipolazione organizzata. Esse inducono gli individui a far slittare la loro libertà in direzione dell'adattamento e della «libera» accettazione della necessità sistemica e degli imperativi del potere.

Gli antichi regimi sono, anzi, crollati proprio in ragione del fatto che, per brutali ed efferati che fossero, non erano in grado di escludere la pensabilità di modelli alternativi, in nome dei quali contestare l'ordine dispotico. Ne scaturiva, appunto, quella dialettica di dissenso e repressione che scandisce, tra lacrime e sangue, la storia delle forme totalitarie che hanno

---

[4] Cfr. GALIMBERTI, *Psiche e techne* cit., pp. 112 sgg.

[5] GOFFMAN, *La vita quotidiana come rappresentazione* cit., pp. 45 sgg.

[6] Cfr. T. W. ADORNO, *Dialettica negativa*, Einaudi, Torino 1970, p. 276 [ed. or. *Negative Dialektik*, 1966].

attraversato diagonalmente il Novecento. Nell'odierna civiltà dei consumi, invece, l'adesione ai modelli imposti è, al di là del vitreo teatro delle apparenze, assoluta e incondizionata, perché tale da colonizzare l'immaginario e saturare il simbolico.

I bisogni e i desideri, i sogni e le utopie vengono sempre piú massicciamente strutturandosi a partire da ciò che già è, sempre rilanciando l'ordine esistente e determinando la piena identità, nella coscienza del cittadino globale, tra essere e dover essere, tra reale e ideale. Si finisce per desiderare e sognare sempre e solo ciò che già esiste, nella forma in cui già è. In ciò risiede l'essenza della società totalmente amministrata, che chiama libertà la sottomissione integrale al modello egemonico e all'ordine dominante.

Perché il dissenso possa costituirsi, nel suo atto genetico, occorre che si dia e sia percepita dal soggetto un'alterità tra la propria interiorità e l'ordine esterno o, se si preferisce, tra il possibile e il reale. Per questo il dissenso, come la rivolta di cui scrive Camus[7], non è realista: non solo non si accontenta di quel che già è, ma lo contesta in nome di ciò che manca e che, pure, potrebbe essere. Quando, come avviene con l'odierno programma della civiltà, si eclissa lo scarto tra l'interno e l'esterno, poiché lo spazio del secondo ha saturato quello del primo, allora è, per ciò stesso, reso impossibile il costituirsi del dissenso come capacità di sentire altrimenti. La dimensione del reale satura quella del possibile, il piano descrittivo si sovrappone a quello prescrittivo. Quando tutti fanno liberamente, di loro spontanea iniziativa, ciò che il potere li costringerebbe con la violenza a fare qualora si opponessero, il totalitarismo può dirsi realizzato.

---

[7] Cfr. CAMUS, *L'uomo in rivolta* cit., p. 22.

La schiavitú è vissuta come libertà, l'imposizione come libera scelta, il dominio come premurosa cura dell'espressività individuale: con le grammatiche orwelliane, «la guerra è pace, la libertà è schiavitú, l'ignoranza è forza»[8]. Ogni possibile disobbedienza ragionata, ogni pratica del dissenso, è aprioristicamente negata dalla mancata comprensione della vera natura del potere. Quest'ultimo non si esercita piú nella tradizionale forma dell'imposizione autoritaria. Si determina, invece, come soppressione della possibilità di alternative, in modo che l'adesione alle leggi sistemiche sia necessitato e, insieme, appaia libero.

È questa la cifra di quella che, con Foucault, potremmo etichettare come la «governamentalità»[9] dell'ordine neoliberale. Le scelte politiche vengono oggi puntualmente presentate come ingiunzioni che non ammettono alternative o negoziazioni: e che, di piú, debbono essere seguite nell'immediatezza dell'*hic et nunc*.

Anche a questo serve la crisi che dal 2007 sta telluricamente sconvolgendo il pianeta; crisi presentata ideologicamente alla stregua di una calamità naturale e, invece, segretamente rispondente all'esigenza neoliberista di imporre – senza negoziazioni né discussione democratica, sempre in nome dell'urgenza e dello «stato d'eccezione» – scelte che in condizioni normali mai verrebbero accettate, e piú precisamente una linea politica all'insegna dei tagli alla spesa pubblica, della sottrazione dei diritti e dell'abbassamento dei salari.

Secondo la dinamica propria dell'ideologia, la crisi corrisponde alla naturalizzazione di una dinamica sociale e politica. Piú precisamente, permette di na-

---

[8] ORWELL, *1984* cit., p. 8.
[9] Cfr. M. FOUCAULT, *Nascita della biopolitica*, Feltrinelli, Milano 2007 [ed. or. *Naissance de la biopolitique*, 2004 (1979)].

turalizzare, presentandolo come se fosse un processo
neutro e irreversibile, dato a prescindere dalla volontà
degli attori sociali, quello che, in realtà, è un processo
di svuotamento delle democrazie e, insieme, un'aggressione intenzionale dei dominanti ai danni dei dominati, del Signore ai danni del Servo.

Coerente con la rivolta delle élite e dell'«aristocrazia finanziaria», la scelta politica di rimuovere i fondi
all'ambito sociale, di ridurre i salari e di precarizza-
re il lavoro viene naturalizzata mediante il dispositivo della crisi: la si trasforma ideologicamente in una
condizione oggettivamente richiesta dalle circostan-
ze emergenziali, in una necessità ineludibile che non
dipende dalla volontà delle classi, ma dalla situazione
in quanto tale.

Se, poi, tra le possibili definizioni della democrazia vi è anche quella che la intende come possibilità
di pensare e di praticare in forme sociali condivise
l'alternativa rispetto all'esistente, si può con diritto
sostenere che il dispositivo governamentale della crisi destrutturi il concetto stesso di scelta democratica:
favorisce il dominio, sempre piú lampante nel quadro
post-1989, di un'efficiente tecnocrazia oligarchica.

Scelte autoritarie e autarchicamente prese dai signori del mondialismo vengono, in tal maniera, fintamente presentate come situazioni oggettive emergenziali, che non consentono alternative.

La volontà di escludere le alternative possibili si
determina, cosí, nella loro negazione mediante l'as-
solutizzazione della scelta già presa e ora annunciata
come necessità oggettiva inaggirabile e, ancora una
volta, come sola via di sopravvivenza. La democrazia
tende, cosí, sempre piú a essere lasciata sopravvivere
come forma apparente di governo, mediante la quale il
popolo sceglie «democraticamente» ciò che l'aristocra-

zia finanziaria ha già scelto in maniera non democratica. Ove si produca un dissidio tra le scelte della massa riplebeizzata e quelle del Signore neo-oligarchico, sono sempre queste seconde a trionfare.

Non meno di Cartesio, il reale non ha cessato di avanzare *larvatus*, «mascherato»: e, secondo quanto rilevato da Badiou[10], la maschera con la quale si legittima il capitalismo imperiale, con la sua violenza primariamente economica, coincide con la democrazia o, meglio, con la forma falsamente democratica delle società occidentali. Essa non è, allo stato attuale, se non il sistema che fa apparire democratico ciò che *ab intrinseco* non è tale, giacché inconfessabilmente è legato alle scelte dell'élite neofeudale ed è nel suo interesse esclusivo.

Occorre, pertanto, sul fondamento di un pensare altrimenti determinantesi come critica delle ideologie, congedarsi dalla falsa prospettiva che assume i totalitarismi, le dittature e gli autoritarismi come opposti all'odierna democrazia parlamentar-capitalistica: in verità, il contrario di questa democrazia immaginaria è la democrazia reale, a oggi irrealizzata[11]. Nel loro nesso sinergico, crisi e flessibilità si pongono a tutti gli effetti come elementi di soggettivazione e come metodi di governo biopolitico.

In virtú della valenza governamentale della crisi, precise scelte politiche classiste, puntualmente ascrivibili all'offensiva del Signore globalista e neofeudale ai danni dei diritti del Servo precarizzato e disarmato, si presentano, in modo altamente deresponsabilizzante e ipocrita, come necessità sistemiche che non permet-

---

[10] Cfr. A. BADIOU, *Alla ricerca del reale perduto*, Mimesis, Milano 2016, p. 22 [ed. or. *À la recherche du réel perdu*, 2015].

[11] Cfr. *ibid.*, p. 47.

tono alternative e che chiedono di essere urgentemente realizzate, aggirando ogni momento di discussione democratica e di negoziazione tra le parti.

In questo contesto, la crisi diventa un'arte di governo, uno stratagemma – sempre occultato come imposizione sistemica – per vincolare le esistenze dei soggetti a uno stato di instabilità permanente e di incessante emergenzialità.

Il segreto sta sempre nel creare alternative illusorie e gestite *ad hoc* dai dominanti, affinché l'impraticabilità palese di B e, di piú, la sua voluta assurdità, rendano per ciò stesso accettabile come necessaria la scelta di A come sola via percorribile, in una rimozione integrale del senso di possibili C, D, E e cosí via.

Da un diverso angolo prospettico, la crisi come arte di governo permette di neutralizzare tanto il senso delle alternative possibili, quanto l'eventualità di un confronto democratico che le vagli razionalmente in modo argomentato.

Scelte autoritarie e autarchicamente prese dai signori del mondialismo vengono, in tal maniera, fintamente presentate come situazioni oggettive emergenziali, che non consentono alternative: anziché dissentire nell'ampia gamma delle figure che spaziano dalla rivolta alla rivoluzione, i dominati offrono il loro consenso a politiche che apertamente tutelano l'interesse esclusivo del polo opposto.

Al soggetto non è oggi autoritariamente imposto di agire in un determinato modo. Semplicemente, le leggi dell'economia lo pongono nella condizione di non poter fare altrimenti, secondo la cifra stessa di quella violenza immanente alla mondializzazione che non si esibisce apertamente.

Il controllo oggi non è coercitivo, poiché preordina, tramite l'*actio in distans*, lo spazio delle possibilità d'azione e di pensiero degli individui[12]. Non impone una direzione con la forza, di modo che gli individui non seguano le altre possibili: semplicemente, nega queste ultime, affinché ne resti una sola.

L'ordine entropico della mondializzazione lascia che gli individui credano di fare liberamente ciò che il sistema stesso li ha messi nelle condizioni di non poter non fare.

Il dissenso non può divampare: se un tempo si credeva di non avere da perdere se non le proprie catene, oggi si ritiene di avere tutto grazie ad esse, senza nemmeno piú avvertirle come tali[13].

---

[12] Si veda G. LEGHISSA, *Neoliberalismo. Un'introduzione critica*, Mimesis, Milano 2012, pp. 130-31.

[13] ANDERS, *L'uomo è antiquato* cit., II, p. 47.

12.
La neolingua e il nuovo ordine simbolico

Un bel giorno il Partito avrebbe proclamato
che due piú due fa cinque e voi avreste dovu-
to crederci.

G. ORWELL, *1984*.

«E se il Partito dice che le dita non sono quattro
ma cinque, quante sono?»: sono le parole con cui, in
1984, il funzionario del «Grande Fratello» O'Brien,
tenendo il pollice nascosto e le quattro dita tese, si rivolge al dissenziente Winston, fatto prigioniero dai
gendarmi del potere. Legato a una sorta di macchina futuristica della tortura in grado di trasmettergli
scosse di corrente, Winston si ostina a ripetere che le
dita che vede sono quattro. In risposta, O'Brien gli
infligge senza tregua scariche di corrente sempre piú
potenti, fintantoché Winston, stremato, non si ras-
segna e non si convince davvero che le quattro dita
mostrategli siano cinque.

Pur concepito come una sferzante requisitoria contro l'Unione Sovietica, *1984* denuncia in modo decisamente piú aderente la realtà dell'odierno conformismo di massa della civiltà dei consumi totalmente
amministrata. Con la docile forza della manipolazione
delle coscienze, la cattività simbolica è sempre da capo
rinsaldata. Essa fa sí che tutti, come in *1984*, amino il
Grande Fratello, e dunque la stessa cattività di cui sono
vittime, incapaci tanto di concepire un mondo esterno
rispetto a essa, quanto, in maniera convergente, di avvertire il peso opprimente delle catene cui sono vincolati.

Come in *1984*, gli atomi desocializzati dispersi nel
villaggio globale sono indotti a vedere cinque dita anzi-

ché quattro e, con la sintassi di Orwell, a ritenere che due piú due dia cinque o, come nel romanzo *Il quinto angolo* di Israil´ Moiseevič Metter, a credere che gli angoli della stanza siano cinque.

Nel trionfo di quella che, intrecciando le grammatiche di Baudrillard e di Debord, si potrebbe con diritto definire una spettacolarizzazione derealizzante, sugli schermi televisivi, nelle sale cinematografiche, nelle narrazioni radiofoniche o, ancora, sulle pagine dei giornali e nelle altre molteplici prestazioni dell'industria culturale, è sempre ribadito tautologicamente l'ordine simbolico dominante; in modo che il consenso diventi totale e senza fessure, incondizionato e onnipervasivo, e l'esistente determinato storicamente e socialmente sia vissuto come una gabbia d'acciaio dalle sbarre inossidabili da parte dei sudditi ridotti a consumatori e a inerti spettatori della realtà mediatizzata.

Quella in cui viviamo è la realtà com'è, come deve essere e come sempre sarà: in queste parole pare potersi compendiare l'essenza delle retoriche del consenso e di quella che, con Heidegger, potremmo etichettare come «l'organizzazione tecnica dell'opinione pubblica mondiale»[1]. Esse mirano a produrre non semplice e cieca obbedienza al potere, ma anche uniformità di opinioni, devozione completa alle logiche del dominio e dissenso immediato verso ogni dissenso che minacci lo *status quo*. Inducono ad amare il Grande Fratello, come accade nel finale di *1984* al dissenziente ormai riallineato con l'ordine dominante, e a odiare ogni eventuale liberatore.

Perché il consenso totale possa dominare su tutto il giro d'orizzonte, non basta la violenza delle forme totalitarie classiche. I tradizionali assetti dittatoriali,

---

[1] HEIDEGGER, *La locuzione di Anassimandro* cit., p. 385.

infatti, finivano sempre per alimentare forme di dissenso e di opposizione. Erano pericolosi e, insieme, sempre in pericolo, in quanto l'estetica dei supplizi e la violenza visibile suscitavano ostilità su piú fronti. Il consenso non era totale, giacché lasciava interstizi grazie ai quali, come il «seme sotto la neve» di cui scrisse Ignazio Silone[2], poteva svilupparsi il dissenso.

Dal canto suo, il totalitarismo del mercato, anche in forza della sua impersonalità anonima, impedisce preventivamente la costituzione di una disobbedienza operativa: si impadronisce delle anime, vincolandole all'ortodossia dominante. Le convince della falsità universale, come in *1984*. Un ruolo di primaria importanza nella dinamica di imposizione della cattività simbolica avente come fine il potenziamento infinito del consenso è svolto da quella che, ancora con Orwell, potremmo qualificare come la «neolingua» del pensiero unico.

La neolingua – cosí in *1984* – è la sola lingua al mondo il cui vocabolario, anziché arricchirsi, venga riducendosi giorno dopo giorno. L'impoverimento del lessico procede di conserva con la contrazione della coscienza e con il restringimento della libertà di pensare in maniera divergente, avventurandosi al di là del tracciato prestabilito. Complici le prestazioni della neolingua, ogni pensiero eretico e non allineato tende a diventare strutturalmente impossibile. Mancando le parole per articolarlo, il pensare si riduce sempre piú palesemente a mero raddoppiamento simbolico dell'ordine realmente esistente, a semplice parafrasi di ciò che già è: «la neolingua non era concepita per ampliare le capacità speculative, ma per ridurle»[3].

[2] Cfr. I. SILONE, *Il seme sotto la neve*, Nuove Edizioni di Capolago, Lugano 1942.

[3] ORWELL, *1984* cit., p. 308.

Il segreto della neolingua consiste nel chiamare le cose con i nomi invertiti, restringendo le possibilità di ogni pensiero non disposto a orientarsi negli spazi preordinati dal potere e, insieme, presentando in maniera proditoria come universalmente giusto e buono ciò che è tale solo per la parte dei dominanti. Dalle cosiddette «reti sociali», che forgiano a loro immagine e somiglianza un modo ortodosso di pensare e di agire, fino ai suggeritori automatici delle tastiere dei cellulari, che impoveriscono drasticamente il nostro lessico, la neolingua del pensiero unico mira a dispensarci dall'onere del pensare, e dunque di dissentire rispetto alla morfologia del potere. Ci pone nella condizione del figlio del re della fiaba ricordata da Günther Anders[4]. Poiché il padre non voleva che il figlio si allontanasse dalle strade controllate e si formasse una sua autonoma visione del mondo, gli fece dono di splendide carrozze. In questo modo, il bambino non aveva piú bisogno di andare a piedi liberamente per il paese: o, piú precisamente, non gli era piú consentito farlo.

«Il pensiero non esisterà piú, almeno non come lo intendiamo ora»[5], sostiene trionfante uno dei protagonisti di *1984* in riferimento alle virtú della neolingua. In luogo del libero pensare, esisterà solo un'ortodossia il cui effetto consisterà nella sempre rinnovata conferma dell'ordine globalitario vissuto, anzitutto nella mente, come il solo possibile. La neolingua, oggi, parla l'inglese operazionale dei mercati innalzato a lingua liturgica sacralizzata: e tutto riconduce all'orizzonte di senso dell'economia e dello scambio, facendo degli stessi cittadini globali le mere emanazioni della teologia mercatistica.

[4] ANDERS, *L'uomo è antiquato* cit., I, p. 103.
[5] ORWELL, *1984* cit., p. 57.

Imponendo ai popoli del pianeta di rinunciare alla propria lingua nazionale (nel nostro caso, l'italiano di Dante e di Vico, di Machiavelli e di Croce), e dunque al proprio patrimonio simbolico e culturale, la neolingua inglese come solo idioma consentito nella lunga notte della globalizzazione non soltanto impedisce l'articolazione di grammatiche che non si limitino a riprodurre ciò che già è. Di piú, favorisce l'accettazione irriflessa della galassia semantica dell'ordine neoliberale (il nuovo *latinorum* dello *spread* e della *deregulation*, della *global governance* e dell'*austerity*, della *spending review* e del *fiscal compact*) presentata come asettica e naturale.

Non soltanto, come si è evidenziato, la neolingua riduce drasticamente il numero delle parole, limitando per ciò stesso la tentazione di adoperarsi per pensare fuori dal coro. Essa capovolge puntualmente la realtà mediante la sua glorificazione linguistica, producendo un fisiologico adattamento consensuale alla falsità totale. I bombardamenti sono detti «missioni di pace», le distruzioni dei diritti sono pudicamente chiamate «riforme», l'epoca piú ideologica dell'intera storia umana è cantata come «post-ideologica», la dittatura dei mercati è ipocritamente salutata come «democrazia», i colpi di Stato finanziari sono qualificati come «governi tecnici».

Chi, poi, mette in discussione la grande narrazione dominante è silenziato come «complottista», chi critica l'egemonia del Signore è accusato di «disfattismo» e chi difende interessi che non siano quelli delle élite è diffamato come «populista». Espressione del pensiero unico, la neolingua impiega puntualmente la proscrizione in luogo della confutazione. Ogni possibile discussione critica è interrotta sul nascere mediante il silenziamento preventivo dell'interlocutore, colpevole di aver commesso lo «psicoreato» e di aver violato i parametri del pensiero unico e, per ciò stesso, diffamato con una delle molteplici categorie della neolingua. Per sua essenza, il pensiero unico politicamente corretto è privo di dialettica, giacché impedisce anche solo l'enunciazione verbale di possibili contraddizioni. Esclude in nome della lotta contro l'esclusione.

Ancora, secondo il dispositivo della neolingua, il nuovo ordine spoliticizzato con primato della violenza economica è celebrato come Unione europea, e la distruzione programmata della cultura e della formazione scolastica è orwellianamente chiamata «buona scuola». Distruggere la scuola, peraltro, significa decapitare intere generazioni di teste pensanti. Il sistema della produzione e dei consumi vuole individui senza identità, infinitamente manipolabili e incapaci di resistere, Bartleby rovesciati che dicono sempre e solo cadavericamente «sí» alle ingiunzioni del potere. Controllare individui omologati risulta decisamente piú agevole che gestire soggetti pensanti e non allineati.

L'integralismo economico ci vuole tutti calcolanti e non pensanti, operativi e non dissenzienti. In una parola, desidera disporre di un esercito di cultori ignari della propria schiavitú, non certo di potenziali ribelli dotati di spirito critico e di eventuale avversione verso la razionalità irrazionale del mondo alienato. La neolingua del pensiero unico impone parole e concetti sottratti a ogni libero agire comunicativo e a ogni discussione critica e dialogica. «Populismo», ad esempio, diventa l'infamante accusa con cui il ceto intellettuale e il clero giornalistico silenziano chiunque assuma una prospettiva non coincidente con la loro e che, lungi dal tutelare sovrastrutturalmente gli interessi delle élite oligarchiche, dà voce agli interessi del popolo e delle classi subalterne che lo compongono.

Analogamente, «complottismo» è l'oggi in voga etichetta con cui si demonizza ogni prospettiva che demistifichi la versione ufficiale dei fatti o la grande narrazione edulcorante e ad alto tasso ideologico che chiama «globalizzazione» il massacro di classe planetario, «flessibilità» la precarizzazione neoschiavile dei giovani lavoratori e «competitività» la possibilità per i dominanti di rimuovere senza riserve e impedimenti politici i diritti sociali dei dominati. Oggi piú che mai occorre essere «apoti», come scriveva Prezzolini, ossia non «bersi» tutte le menzogne che il sistema della propaganda diffonde.

La stessa categoria di «omofobia» è l'etichetta in auge con cui il «Ministero dell'Amore» mette a tacere chiunque osi ancora pensare che esistano uomini e donne e che la razza umana si perpetui in virtú della differenza sessuale.

Condannati come omofobici, infatti, non sono oggi soltanto coloro che usano violenza e compiono discriminazioni: in questo caso, naturalmente, è giusta la piena condanna dei violenti e di chi discrimina, come, del resto, sarebbe giusto sanzionare ogni forma di violenza e di discriminazione, compresa quella classista del sistema economico, che resta, invece, puntualmente impunita.

A incorrere nella condanna di omofobia sono anche quanti commettono, in termini orwelliani, il prima evocato «psicoreato» consistente nel ritenere che esistano uomini e donne, che la famiglia non corrisponda a un concetto «autoritario» da cui prendere congedo, che – pur essendo molteplici i legittimi gusti sessuali – due siano i sessi, che si possano discutere razionalmente senza dover essere accettate senza riserve le nuove disposizioni sull'«educazione di genere» nelle scuole.

In tal maniera, quella dell'omofobia diventa essa

stessa una nuova categoria dell'intolleranza e della persecuzione del pensiero; una categoria con cui non si accetta l'esistenza di prospettive diverse, che non siano immediatamente quelle fissate dal pensiero unico.

Di piú, si criminalizza in forma apriorica chiunque, pur riconoscendo il carattere pienamente naturale dell'omosessualità, non aderisca in forma incondizionata alle lotte *gay*, magari ricordando, sulla scia di Marx, che gli omosessuali non sono una classe sociale: e che la vera lotta degna di essere combattuta è quella in difesa dei lavoratori e degli oppressi, omosessuali o eterosessuali che siano.

Per questa via, tramite le prestazioni della neolingua, si genera ancora una volta un automatico dissenso verso chiunque dissenta dai corollari e dai teoremi dell'ordine simbolico. Quest'ultimo non accetta individui con identità che non sia quella imposta dal consumo, né può riconoscere la famiglia come comunità solidale incardinata su valori altri rispetto al valore di scambio e alle geometrie del *do ut des*.

Mediante il ricorso alla neolingua, il nuovo ordine simbolico opera sempre secondo il medesimo dispositivo: pone sotto accusa chi non accetti il pensiero unico. Silenzia, senza un confronto possibile, le posizioni non allineate, etichettandole con categorie denigranti che finiscono per neutralizzare la possibilità di pensare in modo divergente senza essere diffamati come omofobi, complottisti, fascisti, stalinisti, populisti e cosí via.

Nell'orizzonte globalistico della neutralizzazione del diritto alle differenze, si inscrive anche l'ideologia planetaria *gender*, espressione coerente della passione del medesimo, del neutro e dell'indifferenziato propria della mondializzazione. Promettendo la liberazione degli individui e, in verità, promuovendo la loro integrale sussunzione sotto le leggi del capitale, l'ideologia *gender* aspira a creare un nuovo modello umano *unisex*, infinitamente manipolabile perché privo di un'identità che non sia quella di volta in volta stabilita dalla sfera della circolazione[6]. Con le grammatiche di *Essere e tempo* (§ 27), il Si è il neutro, l'indistinto, l'uniformato. Alla stregua del falso multiculturalismo, che dissolve le culture e ne rioccupa lo spazio vacante con il valore di scambio, la teoria del *gender* produce il livellamento e la neutralizzazione delle differenze, di modo che l'economia possa integralmente impadronirsi del nuovo individuo unisex e senza identità, puro atomo materiale consumatore di merci ed erogatore di forza-lavoro flessibile e precaria.

La società dell'integralismo economico a cinismo avanzato si deve strutturalmente fondare sul profilo antropologico neutro e *unisex*, ossia sul presupposto che i due sessi siano costituiti su misura per il medesimo lavoro flessibile, precario e reificato e siano portatori dei medesimi desideri consumistici indistinti. Su queste basi, l'ideologia *gender* rimuove la differenza tra uomo e donna: e demonizza come omofobo e intollerante chiunque non introietti supinamente questa nuova visione coerente con l'ordine mondiale. Rende, per ciò stesso, necessario lottare per la riappropriazione dei mezzi di riproduzione oltre che di quelli di produzione.

Complice la neolingua, il pensiero unico politicamente corretto oggi silenzia, diffama e delegittima chiunque commetta lo «psicoreato», ossia chiunque si ostini a credere che due più due dia quattro e osi sentire e pensare diversamente.

---

[6] Cfr. E. PERUCCHIETTI e G. MARLETTA, *Unisex. La creazione dell'uomo senza identità*, Arianna, Bologna 2014 [nuova edizione accresciuta 2015].

Parafrasando Orwell, il potere non cessa di fare a pezzi le menti dei sudditi, per poi ricomporle nella forma che esso stesso ha stabilito, perché introiettino come naturale il pensiero unico e siano disposte a lottare in suo nome.

In politica, diffama come fascista o come comunista chiunque non sia allineato con il nuovo ordine mondiale dell'economia classista spoliticizzata e trasfigurata in monoteismo del mercato. Nell'ambito dei costumi, demonizza come omofobo chiunque osi deviare dal percorso prestabilito dal pensiero unico e dalla sua imposizione dell'identità dell'atomo desocializzato e anglofono, che consuma merci e non si orienta se non nell'orizzonte di senso del fanatismo economico.

Ogni pensiero non allineato è preventivamente reso impossibile, perché aprioricamente identificato con il manganello fascista, il gulag stalinista o con la violenza discriminatoria nella sfera dei costumi.

Condannando preventivamente come blasfemo e immorale ogni atteggiamento non allineato, antifascismo e lotta contro l'omofobia diventano, in questo modo, categorie persecutorie con cui silenziare, diffamare e discriminare chiunque non si attenga all'ortodossia, cioè alla sovrastruttura simbolica santificante i reali rapporti di forza, *id est* la «struttura» economica del fanatismo del mercato planetario.

Mediante l'istituirsi di questo dominio onnipervasivo del pensiero unico, la stessa discussione critica dei punti fondamentali della politica e dell'etica è resa preventivamente impossibile tramite l'identificazione dell'interlocutore con un pericoloso estremista o con un sanguinario persecutore dei costumi.

L'ordine neoliberale difende, a corrente alternata, la libertà d'espressione, fintantoché essa esprime li-

beramente e in forma plurale ciò che asseconda e non
contraddice il nuovo ordine mondiale (ridicolizzazione
delle religioni e degli Stati sovrani, denuncia di tutte
le violenze della storia che non siano quelle del fanatismo economico ecc.). Non appena ci si discosta dal
percorso preordinato e dal recinto chiuso dal pensiero unico, si è puniti con l'accusa di omofobia, di sta-
linismo o, di «apologia di terrorismo», categoria che
diventa in misura sempre crescente l'arma per silenziare ogni voce fuori dal coro.

La caccia al terrorismo si capovolge, cosí, in un
dispositivo intimamente terroristico. Come la categoria di omofobia identifica chiunque si discosti dal
tracciato del pensiero unico con chi discrimina e ricorre alla violenza, cosí la categoria di «apologia del
terrorismo» istituisce oggi un'automatica e irriflessa
identità tra il folle atto del terrorista di professione
e chiunque non sia mentalmente allineato con l'ordine simbolico: produce, in prospettiva, l'effetto della riduzione del pensiero a semplice parafrasi della
Gazzetta Ufficiale.

Del resto, nell'ordine del discorso, il terrorismo
non è mai quello dei bombardamenti etici e dell'interventismo umanitario che aggredisce i popoli e gli
Stati non ancora piegati al mondialismo a guida sta-
tunitense; o, ancora, quello dell'usurocrazia propria
del sistema bancario, che mediante la schiavitú del
debito priva i cittadini della casa e del diritto all'e-
sistenza, o dell'integralismo economico, che si regge
sulla miseria endemica dei piú e su una violenza che
non si vede se non nei suoi effetti. Come terrorismo
viene indistintamente etichettata, in maniera sempre
piú evidente, ogni forma di contestazione dell'ordine
vigente terroristico.

In coerenza con la condanna dell'«apologia del terrorismo», d'altro canto, occorrerebbe proibire la lettura del *Principe* di Machiavelli, con il suo elogio del duca Valentino, ma poi anche le opere di Marx e di Lenin, con la loro esaltazione della rivoluzione e della violenza come «levatrice» della storia. E, forse, in un futuro nemmeno troppo remoto, verranno messi al bando per «apologia di reato» gli stessi Testi Sacri, nei quali Gesú, con il suo esempio concreto, ci esorta al «terrorismo» della cacciata dei mercanti dal tempio.

Quand'anche non si pervenga a un «decreto ufficiale», il pensiero unico sta già, di fatto, ottenendo questo risultato tramite la manipolazione dei consensi e dei dissensi. Nei luoghi di formazione, sempre meno si può trattare – se non in termini diffamatori e liquidatori – di Marx e Gramsci in quanto comunisti, di Lukács in quanto stalinista, di Gentile in quanto fascista, di Heidegger e Schmitt in quanto nazisti. Insomma, l'ordine del discorso permette che ci si occupi unicamente degli autori e delle correnti di pensiero affini e coerenti con le sue logiche.

A favorire l'istituirsi della tirannia del pensiero unico e del dissenso verso il dissenso, sono le due pratiche orwelliane del «nerobianco»[7], con cui – negando l'evidenza – si predica come nero ciò che è palesemente bianco, e dello «stopreato»[8], con cui si addestra il pensiero ad arrestarsi, autocensurandosi, sulla soglia di qualsivoglia riflessione pericolosa, facendo valere una sorta di stupidità protettiva acquisita.

Il potere neoliberale, come si è ricordato, si fonda sul profilo antropologico dell'uomo senza identità, infinitamente manipolabile dai flussi del desiderio e dalle pratiche del consumo, senza una natura umana

---

[7] ORWELL, *1984* cit., p. 218.
[8] *Ibid.*

che possa dirsi oltraggiata e, per ciò stesso, legittimare una ribellione contro l'ordine mondiale. Con Orwell, la retorica del dominio continua a ripetere a canali unificati il suo logoro ritornello:

> Noi controlliamo la vita a tutti i suoi livelli. Tu ti sei messo in testa che esista qualcosa come una natura umana che verrebbe talmente oltraggiata da ciò che noi stiamo facendo da ribellarsi contro di noi. Ma siamo noi a creare la natura umana. Gli uomini sono infinitamente manipolabili[9].

Del resto, come sapeva Camus[10], non vi è rivolta che non venga costituendosi sull'idea di una natura umana offesa, mortificata e degna di essere riscattata.

L'ideologia dell'uomo senza identità, predicando l'inesistenza della natura umana, e dunque negando l'essenza dell'uomo come sintesi di biologia e cultura, giustifica sul piano sovrastrutturale l'assetto del dominio ipotizzato da Orwell mediante l'immagine dello stivale che calpesta in eterno il volto umano[11].

Anche in questa luce, si spiegano le continue offensive ai danni del concetto di natura umana condotte dal pensiero unico nelle sue varianti piú eterogenee; offensive che non sono altro che il raddoppiamento simbolico degli attacchi a cui realmente la natura umana è sottoposta dalle pratiche biopolitiche che sempre piú riducono il corpo umano a miniera da cui estrarre plusvalore, a merce dotata di prezzo e non di dignità.

Si pensi anche solo, tra i molteplici esempi possibili, alla pratica dell'«utero in affitto», che l'ipocrisia del

---

[9] *Ibid.*, p. 276.

[10] «L'analisi della rivolta conduce almeno al sospetto che esista una natura umana, come pensavano i Greci, e contrariamente ai postulati del pensiero contemporaneo. Perché rivoltarsi se non s'ha, in se stessi, nulla di permanente da preservare?» (CAMUS, *L'uomo in rivolta* cit., p. 20).

[11] ORWELL, *1984* cit., p. 274.

pensiero unico e l'astuzia della neolingua hanno scelto di chiamare, con discrezione, «maternità surrogata».

Il capitale, che un tempo si arrestava ai cancelli delle fabbriche, oggi si è impadronito della nuda vita. L'economia si è fatta bioeconomia: ha rimosso il confine tra ciò che è merce e ciò che non lo è, tra nuda vita e valore di scambio.

Il vecchio adagio femminista «l'utero è mio, e lo gestisco io», frutto di una stagione di lotte e di benemerite rivendicazioni dell'emancipazione femminile, è oggi stato riadattato dal capitale in funzione della sua sola norma, la valorizzazione del valore: l'utero è tuo e «puoi» affittarlo a chi vuoi. Ma il «puoi» in questione è sempre quello della società di mercato: «puoi», in realtà «dovrai». «Puoi», perché nessuno te lo impone, né te lo vieta. «Dovrai», perché sarà la tua condizione socioeconomica a importi di farlo, per poter sopravvivere nella società del capitale umano.

E, per ironia della storia, questa nuova ed esiziale forma di asservimento alla religione mercatistica che svilisce la donna a merce e il nascituro ad articolo di commercio sarà salutata come progresso e libertà, nel piú tragico inveramento della profezia di Marx: «si lacerano per il proletario tutti i vincoli familiari, e i figli sono trasformati in semplici articoli di commercio e strumenti di lavoro»[12].

---

[12] K. MARX e F. ENGELS, *Manifesto del partito comunista*, in ID., *Manifesto e princípi del comunismo*, Bompiani, Milano 2009, p. 277 [ed. or. *Manifest der Kommunistischen Partei*, 1848].

13

Amare le proprie catene: il teorema di La Boétie

> Decidetevi a non servire piú, ed eccovi liberi.
> Non voglio che lo abbattiate o lo facciate a pezzi:
> soltanto, non sostenetelo piú, e allora, come un
> grande colosso cui sia stata tolta la base, lo vedrete
> precipitare sotto il suo peso e andare in frantumi.
>
> É. DE LA BOÉTIE, *Discorso sulla servitú volontaria.*

Perché il dissenso possa fiorire, nella molteplicità delle forme che lo contraddistinguono, occorre anzitutto che il soggetto avverta nelle configurazioni dell'ordine reale e simbolico una mancanza, il loro essere altrimenti rispetto a come dovrebbero e potrebbero essere. Per questo motivo, nel tempo del conformismo che pervade gli spazi del consenso e del dissenso, il potere sempre si adopera affinché la coscienza non riesca a registrare difetti e contraddizioni o, semplicemente, si illuda che il reale esaurisca il possibile.

Il quarto di luna può apparire mancante solo ove la coscienza sia in grado di commisurarlo con la circolarità della luna piena. Fuor di metafora, è il poter-essere a fare apparire come mancante l'essere e, dunque, a porre le basi per un'eventuale contestazione di ciò che è. Convertendo il fattuale in normativo, e convincendo le nostre menti dell'inesistenza della circolarità della luna, il potere riesce a garantire se stesso fintantoché disciplina il consenso e il dissenso, fintantoché mantiene gli uomini in una condizione di cattività simbolica oltre che reale. Senza l'attiva partecipazione degli schiavi al loro stesso dominio, esso sarebbe presto destinato a implodere, a essere travolto dalle ondate del dissenso e delle concrete figure in cui si organizza.

Per questo, la forma in cui meglio sembra lasciarsi condensare il nuovo spirito gregario degli ultimi uomini, che, con mente e cuore a capitalismo integrale, accettano in maniera irriflessa ciò che è perché sazi della volgare felicità che esso offre loro, è quella della *servitude volontaire*, come la chiamava Étienne de La Boétie: ossia l'oscuro desiderio di servire pur di essere lasciati in pace, di essere dominati pur di non vedere interrotto il godimento illimitato scaturente dal flusso di circolazione dei servizi e delle merci. La gabbia d'acciaio costituisce lo sfondo ideale per la proliferazione degli ultimi uomini come servi volontari, come «specialisti senza intelligenza» ed «edonisti senza cuore»[1], meri ingranaggi del circuito del calcolo senza pensiero e del godimento narcisistico senza amore.

È la condizione, divenuta oggi ordinaria, in cui si desidera vivere meglio, con piú *comfort*, ma, tra comode alienazioni e rassicuranti conformismi, non si aspira alla libertà, né si è disposti a lottare in suo nome. Ideologi e *maîtres à penser* vecchi e nuovi cercano, con retoriche neoliberiste e postmoderne, di convincerci a soggiornare nella gabbia d'acciaio, placando sul nascere il dissenso. Essi nascondono in ogni modo la vera natura della gabbia, alla quale sempre contrappongono gli orrori di ciò che eventualmente si troverebbe qualora si compisse l'esodo da essa. Per questa via, producono consenso e familiarità con la schiavitú: pongono i servi volontari nelle condizioni di chi ama la propria cella perché non è in grado di figurarsi un mondo esterno rispetto a essa.

---

[1] M. WEBER, *L'etica protestante e lo spirito del capitalismo*, in ID., *Sociologia delle religioni*, Utet, Torino 2008, 2 voll., I, p. 332 [ed. or. *Die protestantische Ethik und der Geist des Kapitalismus*, 1904-905].

Concepito sulla soglia della modernità, il *Discorso della servitú volontaria* di La Boétie sembra, per ironia della storia, descrivere con la massima aderenza l'odierna condizione del neoconformismo di massa successivo alla stagione dei grandi dissensi che avevano attraversato il «secolo breve». Il dispositivo della *servitude volontaire* delineato da La Boétie rovescia il tradizionale paradigma che pensa il potere come un polo attivo che i dominati solo subiscono, magari anche dissentendo interiormente. Non solo smaschera l'inconfessabile predisposizione dell'uomo a servire, ma, con movimento simmetrico, rivela la strutturale fragilità del potere, il suo esistere unicamente in forza del consenso accordatogli anche dagli ultimi.

Il potere non è, allora, un'intensità che procede univocamente dai dominanti ai dominati: è piú simile a un reticolo, a un sistema al quale – nella caverna di Platone come nella realtà distopica di *Matrix* – lo schiavo partecipa in misura non inferiore rispetto al padrone. La cieca e ostinata volontà di servire si radica a tal punto, nell'animo dei servi, da fare della libertà un valore accessorio e, forse, perfino inutile[2]. Se gli individui ritirassero il loro consenso e a prevalere fosse il dissenso, allora i reticoli del potere si dissolverebbero come anelli di fumo nell'aria. Secondo l'esempio di La Boétie, rinsecchirebbero e, poi, morirebbero come il ramo a cui non pervenisse piú la linfa dalle radici.

Eppure – questa la disarmante verità di La Boétie – gli uomini sono portati a servire piú che a essere liberi,

---

[2] É. DE LA BOÉTIE, *Discorso della servitú volontaria*, Feltrinelli, Milano 2014, p. 35 [ed. or. *Discours de la servitude volontaire*, 1576]: «La libertà è la sola cosa che gli uomini non desiderano affatto, o almeno cosí sembra, per il semplice fatto che se la desiderassero l'avrebbero».

vuoi per via della consuetudine, che li induce a obliare il senso della libertà, vuoi in ragione delle retoriche dispiegate dal potere stesso, vuoi a causa di una sorta di sindrome della convenienza, che li convince a rinunciare all'autonomia in cambio dei minimi vantaggi che il dominio offre loro, vuoi, ancora, per via del misterioso fascino che gli *arcana imperii* esercitano sul loro immaginario.

Il potere deve ininterrottamente rinsaldare e manovrare il consenso degli schiavi, inducendoli a dissentire sempre e solo verso potenziali liberatori e verso eventuali contestazioni della loro cattività. Quali che siano le condizioni che di volta in volta si presentano per rovesciare il potere, quest'ultimo le impiega per impedire che ciò avvenga.

Con il teorema di La Boétie, è rovesciato il *locus communis* che assegna la responsabilità agli aguzzini e, per ciò stesso, deresponsabilizza le vittime: le quali, lungi dall'essere complici seriali, sono attivamente responsabili del loro asservimento.

La violenza e il terrore, la polizia e l'estetica dei supplizi non sono sufficienti per garantire la stabilità del potere. A renderla possibile è, anzitutto, il consenso accordatogli dalle sue stesse vittime:

> È il popolo che si fa servo, che si taglia da solo la gola, che avendo la scelta tra essere servo o essere libero rinuncia all'indipendenza e prende il giogo: che acconsente al proprio male o piuttosto lo persegue[3].

In effetti, con il *Discours* di La Boétie il dissenso diventa una categoria fondamentale della politica. Si configura come la forma destituente del potere e, insieme, come la forma costituente della soggettività e

---

[3] *Ibid.*, p. 34.

del suo desiderio di libertà come liberazione, come contromovimento negante le trame del dominio.

Ritirate il vostro consenso, decidetevi a non servire piú, ed ecco che allora sarete liberi: è questa la formula – rivolta all'uomo semplice e non al rivoluzionario di professione[4] – in cui si traduce, per La Boétie, la pratica di liberazione come rinuncia alla servitú.

Non vi è nulla che possa giustificare la schiavitú. Vale sempre la pena tentare di trascendere le sbarre per cercare la libertà, anche qualora si ignori cosa realmente vi sia fuori dalla gabbia.

[4] Cfr. E. DONAGGIO, *Introduzione*, in LA BOÉTIE, *Discorso della servitú volontaria* cit., p. 12.

14.

Disobbedienza, rivoluzione, ribellione

> «Vi piacciono i gatti?» «No». «Ne ero sicuro.
> È un segno del carattere. In questo avete l'istinto
> umano del dispotismo. Agli uomini non piacciono
> i gatti perché il gatto è libero e non si adatterà mai
> a essere schiavo. Non fa nulla su vostro ordine,
> come fanno altri animali». «Nemmeno una gal-
> lina obbedisce agli ordini». «Vi obbedirebbe, se
> sapeste farvi capire da essa. Un gatto vi capisce
> benissimo, ma non vi obbedisce».
>
> J.-J. ROUSSEAU, dialogo con J. Boswell.

Il dispositivo della *servitude volontaire* getta luce sul
paesaggio desolante degli «ultimi uomini» sazi e vol-
garmente felici, ma poi anche sul consenso di massa
dei regimi novecenteschi, in cui pure il conformismo
non aveva ancora raggiunto il grado onnipervasivo
che si registra nella civiltà dei consumi. Sconvolgen-
te, nel caso del nazismo in Germania, è anzitutto il
consenso di massa prestato alla fabbricazione in serie
dei cadaveri. Personaggi scialbi come Adolf Eichmann
avvalorano il teorema di La Boétie. Il potere e il male,
nella loro «banalità», dominano fintantoché trovano
vittime disposte ad accettarli, tanto nella società civile come nei campi di sterminio.

Se ne evince come tanto l'orrore delle morti dietro
il filo spinato dei campi di sterminio, quanto la tenuta del pur fallimentare ordine capitalistico (con crisi e
dittatura dei mercati, miseria endemica e nuove guerre, morti sul posto di lavoro e condizioni sempre piú
precarizzate), non scaturiscano dalla trasgressione della
legge, bensí dal consenso a essa accordato o, se si preferisce, dall'adesione cadaverica alla norma. Che cosa

sarebbe accaduto all'epoca, e che cosa accadrebbe oggi, in caso di mancato consenso? Che cosa si verificherebbe se, in coerenza con il teorema della *servitude volontaire*, si cominciasse a dissentire, cessando semplicemente di servire e di essere complici arrendevoli del potere?

In fondo, uno dei grandi insegnamenti che si dovrebbe trarre dalle pur eterogenee esperienze politiche che hanno colorato di lacrime e sangue il «secolo breve» risiede proprio nel fatto che l'obbedienza alla legge non è sempre necessariamente una virtú. Può, anzi, diventare una micidiale leva dell'ingiustizia. È quanto si apprende dalle parole e dalle azioni di don Lorenzo Milani, accusato nel 1962 di «apologia di reato» per aver insegnato, nella sua scuola, il diritto all'obiezione di coscienza militare[1]. La legge è giusta quando è la forza del debole e ingiusta quando non sanziona il sopruso del forte. Nel secondo caso, per don Milani, è lecito dissentire e, di piú, disobbedire.

La disobbedienza ragionata si configura, pertanto, come una delle declinazioni fondamentali del dissenso. Lo traduce nella concreta azione della rinuncia – pratica, oltre che teorica – all'accettazione di un ordine al quale si è negato il proprio consenso. Cosí la si trova pionieristicamente tematizzata da Henry David Thoreau nel suo saggio *Disobbedienza civile*. La disobbedienza, a suo giudizio, corrisponde a un dissenso che si estrinseca nella forma del «ritiro del consenso» (*withdrawal of consent*), secondo quello che, a giusto titolo, potrebbe intendersi come un aggiornamento americano del programma di La Boétie. Thoreau ne stila essenzialmente quattro possibili declinazioni, che spaziano dalla disobbedienza fiscale alla secessione rispetto allo Stato, dalla non cooperazione alla di-

---

[1] Cfr. LAUDANI, *Disobbedienza* cit., pp. 66 sgg.

serzione. Il potere rovesciante che nella Francia del 1789 si era espresso nella forma della rivoluzione, a cui la tradizione avviata da Marx avrebbe conferito ulteriore dignità filosofico-politica, al di là dell'Atlantico, sull'onda lunga della Rivoluzione americana, si afferma nella forma della *civil disobedience*.

Oscillando stabilmente tra la rivoluzione e lo *ius resistentiae*, la disobbedienza civile codificata da Thoreau aspira a mantenere vivo e al riparo dalle sue possibili sclerotizzazioni lo spirito della «Dichiarazione d'indipendenza». Nella misura in cui gli individui sono anzitutto uomini e solo in seconda battuta cittadini, essi hanno il diritto «di fare sempre e comunque ciò che ritengono giusto»[2], quand'anche confligga con l'ordine legale. Ne discende «il diritto di rifiutare l'obbedienza» (*the right to refuse allegiance*) nei casi in cui il governo – che nulla ha di sacro e numinoso – sia ritenuto ingiusto. A differenza di come la intenderà e la praticherà Gandhi, la disobbedienza deve declinarsi, ad avviso di Thoreau, come «rivoluzione pacifica», ma non per questo «non violenta».

In frangenti estremi, essa può implicare spargimenti di sangue, come nel caso specifico della lotta abolizionista, secondo quanto sostenuto da Thoreau nel suo *In difesa del capitano John Brown* (1859): in vista della liberazione degli schiavi, è lecito disobbedire opponendosi con forza allo schiavista. Dal canto suo, la disobbedienza di Gandhi, come si diceva, assume la «non violenza» come criterio essenziale, e non in nome di un presunto buonismo degno delle «anime belle», bensí in ragione della constatazione che si tratti di una via piú efficace e mobilitante rispetto alla violenza.

---

[2] H. D. THOREAU, *Disobbedienza civile*, SE, Milano 1992, p. 11 [ed. or. *Civil Disobedience*, 1849].

La non violenza di Gandhi – sulla cui scia si collocherà anche Martin Luther King, con la marcia di Washington culminante con il discorso *I have a dream* (1963) – mira, infatti, a conquistare la simpatia degli osservatori disinteressati, inducendoli a ritirare il consenso rispetto all'ordine dominante. La vista di uomini che, senza reagire alle percosse, soffrono per un principio non solo genera immediata simpatia nell'osservatore, guadagnandone il consenso: obbliga anche il potere a giustificarsi nel suo impiego della violenza, mostrandone la debolezza.

Da un punto di vista filosofico-politico, il limite della disobbedienza – nella sua variante gandhiana come in quella *à la* Thoreau – risiede nel fatto che essa, a differenza della rivoluzione, non minaccia mai realmente il fondamento della società. Mettendo in discussione suoi singoli aspetti e, piú precisamente, prendendo di mira l'autorità e mai le strutture stesse del potere, si configura come una forma di dissenso che non raggiunge la massima intensità. Non prospetta mai una sostituzione del governo o un modo della produzione alternativo. Sta, forse, in questo aspetto il limite, ancor prima che della disobbedienza, di quel suo paradigma fondativo che è il teorema di La Boétie.

La rivoluzione, dal canto suo, può anche metabolizzare i moduli della disobbedienza, assumendoli, tuttavia, come primo momento di un piú ampio programma di riconfigurazione dell'assetto sociale. Lo si evince nitidamente, ad esempio, dall'impiego che l'operaismo italiano ha fatto del concetto di sabotaggio, traduzione in termini marxisti della disobbedienza di Thoreau e del teorema di La Boétie. Piú ancora dello sciopero, che pure potrebbe verosimilmente essere annoverato tra le figure della disobbedienza, il sabotaggio – cosí in *Operai e capitale* (1966) di Mario

Tronti – coincide con la «forma di organizzazione del no operaio»[3] e del «rifiuto di collaborare attivamente allo sviluppo capitalistico»[4]. In questo caso, la rivoluzione ingloba la disobbedienza come suo momento, ma non si esaurisce in essa. Il suo orientamento resta la riconfigurazione complessiva del quadro storico e del modo della produzione.

Un discorso per certi versi analogo potrebbe svolgersi in riferimento al concetto di ribellione quale viene sviluppato, ad esempio, da Ernst Jünger nel *Trattato del ribelle* (1951). Come la disobbedienza di Thoreau, anche la ribellione di Jünger resta un gesto individuale e, non di meno, politico. Infatti, mette in discussione le forme dominanti della politica ritirando il consenso e ridefinendo il senso stesso dell'appartenenza politica. «Ribelle», *Waldgänger*, è letteralmente colui che «passa al bosco» in quanto individuo, compiendo una secessione personale dall'ordine politico[5].

Richiamandosi alle fonti di una moralità non ancora dispersa nei canali delle istituzioni, il ribelle si dà alla macchia, come gli antichi fuorilegge medievali. Sceglie di condurre un'esistenza libera e rischiosa, esterna rispetto alla legge, strutturalmente non istituzionalizzabile nei dispositivi universalizzanti della politica: «il Ribelle è il singolo, l'uomo concreto che agisce nel caso concreto»[6]. Gli elementi che stanno alla base della sua scelta anticonformista sono, anzitutto, la volontà di opporre resistenza nell'*hic et nunc*, di

---

[3] M. TRONTI, *Operai e capitale*, DeriveApprodi, Roma 2006 (1966), pp. 248-49.

[4] *Ibid.*

[5] E. JÜNGER, *Trattato del ribelle*, Adelphi, Milano 2007, p. 29 [ed. or. *Der Waldgang*, 1951].

[6] *Ibid.*, p. 114.

«dare battaglia, sia pure disperata»[7], rigettando l'automatismo della civiltà della tecnica, il sistema elettorale come finzione che occulta le scelte già sovranamente prese dal potere, e il fatalismo come rinuncia all'agire trasformativo.

Secondo quanto precisato da Jünger, quando tutte le istituzioni sono corrotte o intrinsecamente false, allora «la responsabilità morale passa nelle mani del singolo, o meglio del singolo che non si è ancora piegato»[8] e che ritira il proprio consenso all'ordinamento ribellandosi individualmente. Né è possibile, per il *Trattato del ribelle*, fare affidamento su partiti, organizzazioni e movimenti strutturati, secondo il modello marxiano della rivoluzione. Nella misura in cui «la sovranità oggi non si riscontra piú nelle grandi risoluzioni»[9], tutte ugualmente destinate a fallire o a rifluire nei canali istituzionali, occorre riconoscere, tutt'al piú, uno «spazio d'azione per piccole *élites*»[10], per gruppi ristretti di singoli individui che passano al bosco.

Diversamente dalla disobbedienza, la ribellione fa valere un dissenso che è totale, poiché coinvolge l'ordine costituito nella sua interezza. A differenza della rivoluzione, però, resta appannaggio di singoli ribelli fuggiti nel bosco e non intenzionati a fare ritorno nella *polis* per riconfigurarla alternativamente. Rispetto alla rivoluzione, la ribellione presenta, allora, il vantaggio di mantenere sempre vivo il dissenso, senza mai produrre la ricaduta nel «pratico-inerte», nella cristallizzazione della prassi contestativa in oggettività indisponibile per l'agire umano.

---

[7] *Ibid.*, p. 42.
[8] *Ibid.*, p. 114.
[9] *Ibid.*, pp. 62-63.
[10] *Ibid.*, p. 29.

E, tuttavia, la ribellione si distingue in negativo dall'agire rivoluzionario per la sua strutturale debolezza, legata al suo individualismo programmatico e, dunque, alla mancata possibilità di creare, gramscianamente, un'«egemonia» e, con essa, un progetto politico in grado di dare forma a una «città futura».

Il dissenso della ribellione resta sempre attivo e, insieme, incapace di dare vita a un potere costituente: la sua forma è, necessariamente, quella del cattivo infinito.

15.

Bartleby e *Sostiene Pereira*:
fenomenologia dello spirito dissenziente

> Uno degli idoli piú comuni è quello di crede-
> re che tutto ciò che esiste è «naturale» esista.
>
> A. GRAMSCI, *Quaderni del carcere*.

Come si è visto, il dissenso affonda le sue radici
nella dimensione prerazionale del sentire, per poi organizzarsi concettualmente e politicamente. Questo
vuol dire che si può gradualmente imparare a dissentire, educandosi a non trovare normale e naturale ciò
che capita sempre. Piú che nei trattati o nelle disqui-
sizioni concettuali, la possibilità di intraprendere la
via dell'educazione alla disobbedienza ragionata pare
potersi ravvisare nell'arte e, in particolare, nella letteratura. La pedagogia del dissenso, infatti, sembra
per sua natura connessa piú a esempi concreti, legati
all'azione effettiva del dissentire, che ad astratte trat-
tazioni prive del contatto con la realtà.

È quanto ci insegnano, in fondo, autori pur diversis-
simi tra loro come Schiller e Heidegger. Il primo, mediante l'idea dell'«educazione estetica dell'umanità»,
non smette di indicarci come l'irrazionalità del mondo
che ha eletto l'utile a «grande idolo del tempo»[1] possa essere denunciata anzitutto attraverso quelle forme
dell'arte che, nell'immediatezza raffigurativa, esibisco-
no la contrapposizione con il disordine e la disarmonia

---

[1] J. C. F. SCHILLER, *L'educazione estetica dell'uomo. Una serie di
lettere*, Bompiani, Milano 2007, p. 41 [ed. or. *Über die ästhetische Er-
ziehung des Menschen in einer Reihe von Briefen*, 1795].

del presente. Dal canto suo, Heidegger ravvisa nel pensiero poetante, e segnatamente in quello di Hölderlin[2], il necessario punto di avviamento di una dissonanza rispetto all'ordine tecnocapitalistico.

Disallineata rispetto alla notte del mondo in cui l'umanità è precipitata, la poesia annuncia il futuro poetico dell'uomo e la sua possibilità, a oggi inevasa, di «abitare poeticamente» (*dichterisch wohnen*) il mondo, contrapponendosi fermamente al pensiero calcolante e al dispositivo tecnocapitalistico. Quest'ultimo, alimentato da un'insaziabile volontà di potenza, non mira ad altro se non alla crescita infinita. Arte e poesia, letteratura e musica resistono alla presa letale del pensiero calcolante.

È questa, in fondo, l'antitesi su cui è costruito il capolavoro di Charlie Chaplin, *Tempi moderni* (1936). La possibilità di abitare poeticamente il mondo, in forma libera e sognante, secondo rapporti affrancati dall'algida assiomatica del *do ut des* e dalle piú viete logiche produttivistiche, è costantemente contraddetta dalla prosa reificante dell'alienazione quotidiana a cui il protagonista è, suo malgrado, ricondotto.

L'arte e la letteratura, proprio come la vita vissuta dei grandi eroi del dissenso – da Socrate a Gramsci, da Cristo a Giulio Cesare Vanini –, restituiscono il senso della possibilità alla storia oggi pietrificata dallo sguardo della Medusa del postmoderno. Tratteggiano figure di azioni e reazioni possibili: e, per ciò stesso, generano personaggi e trame che possono assurgere al rango di paradigmi in nome dei quali educarsi al dissenso[3].

---

[2] Cfr. M. HEIDEGGER, *La poesia di Hölderlin*, Adelphi, Milano, p. 111 [ed. or. *Die Erläuterungen zu Hölderlins Dichtung*, 1968]: «ma ciò che resta lo istituiscono i poeti» (*Was bleibet aber, stiften sie Dichter*).

[3] Cfr. A. TAGLIAPIETRA, *Gli altri che io sono. Per una filosofia del personaggio*, in «Giornale Critico di Storia delle Idee», n. 2, 2013, pp. 7-18.

Soprattutto la letteratura, forse, può porre in essere le basi per una filosofia del personaggio – ossia, letteralmente, della «maschera» che è possibile indossare – in grado di spezzare l'odierna mistica della necessità che naturalizza il sociale e fatalizza lo storico, rendendoci tutti figure seriali e anonime del circuito dello scambio e del consumo. L'evento, nel suo puro accadere indeducibile da presunte leggi necessitanti della storia, è ciò che mette alla prova il personaggio nella sua vita vissuta: lo modella e gli dà corpo nella concretezza delle situazioni in cui si orienta. Da questo angolo prospettico, la letteratura ci restituisce una gamma poliedrica di personaggi composti dalla dimensione proiettiva del virtuale, alla cui luce possiamo noi stessi apprendere ad agire in modi diversi rispetto a quelli cui eravamo abituati[4].

Odisseo e Don Chisciotte, Anna Karenina e don Abbondio, non sono forse maschere che rendono possibile l'immedesimazione e la mimesi, permettendoci di essere, poi, in atto gli altri che virtualmente siamo? Tra i molteplici personaggi del dissenso che la storia della letteratura ci offre come modelli da cui apprendere l'arte della scissione e dell'indocilità riflessa, liberandoci dalla grigia maschera di consumatori anonimi che la produzione ci impone, ve ne sono due che meritano di essere in questa sede richiamati, sia pure impressionisticamente.

Il primo è il protagonista al centro di *Bartleby, the Scrivener* (1853) di Herman Melville. Scandita nella forma di un vero e proprio romanzo di formazione del dissentire, la storia narra della vicenda dello scrivano Bartleby e della sua iniziale obbedienza cieca alle regole che la società gli impone. La sua vita pare esau-

---

[4] Cfr. ivi, pp. 12-15.

rirsi nell'osservanza rispettosa delle norme, in particolare nell'unidimensionalità del gesto di copista che egli svolge quotidianamente. Gradualmente, Bartleby prende a maturare un dissenso radicale verso la monotonia conformistica di cui è prigioniero. Seguendo il moto oppositivo sorto nella sua coscienza interiore, declina la propria opposizione nella forma del «dire-di-no» che, come si è sottolineato, costituisce la matrice originaria del sentire altrimenti. «Preferirei di no» (*I would prefer not to*): è questa la bizzarra formula con cui il mite scrivano, dall'iniziale consenso passivo, passa al rifiuto, garbato quanto risoluto, di ogni ordine ricevuto.

Sospesa tra senso gerarchico delle forme e senso anarchico dell'esistenza, tra costrizione sociale e libertà individuale, la formula di Bartleby fa valere una contrapposizione incomponibile tra la forma e il contenuto. Si apre con un condizionale di osservanza e di rispetto e termina con quel rifiuto assoluto, non negoziabile (*not to*), che, ormai prossimo all'afasia, trova la sua plastica raffigurazione nella semirotazione del capo in cui si esprimono la rapidità e la linearità del «dire-di-no»[5]. E, tuttavia, vi è, nella ripetizione compulsiva del gesto dello scrivano Bartleby, un prolungarsi indefinito dell'opposizione ragionata, in una sorta di «cattivo infinito» del dissentire che, proprio come la ribellione di Jünger, rischia di non tradursi mai in determinazione concreta, in potenza creatrice di un ordine altro rispetto a quello contro cui sempre di nuovo si leva la protesta.

Un Bartleby del Novecento può, per certi versi, essere considerato il secondo personaggio del dissenso

---

[5] Cfr. I. VALENT, *Dire di no. Filosofia, linguaggio, follia*, a cura di R. Màdera, Moretti e Vitali, Bergamo 2007, pp. 195-217.

che avevamo precedentemente evocato, il protagonista di *Sostiene Pereira* (1994) di Antonio Tabucchi. L'opera si struttura nella forma di quella che, variando la sintassi di Hegel, potremmo qualificare come una «fenomenologia dello spirito dissenziente».

Nel ritmo delle figure che dall'iniziale accettazione passiva di ciò che è lo conducono gradualmente al successivo dubbio, per poi passare alla messa in discussione delle geometrie del potere fino alla dissidenza operativa, Pereira si educa al dissenso e all'indocilità ragionata, alla capacità di dire di no e di non trovare naturale ciò che avviene quotidianamente. Nella Lisbona del 1938, in preda al regime salazarista, Pereira conduce un'esistenza all'insegna del conformismo e del quieto adattamento all'ordine reale e simbolico. Scevro di un credo politico e di una sensibilità per gli eventi del presente, dedito solo alla letteratura, Pereira vive dei suoi ricordi e delle sue abitudini: dialoga quotidianamente con il ritratto della moglie morta di tubercolosi e ordina sempre e solo omelette e limonate al Café Orquidea.

La sua esistenza cambia improvvisamente quando, colpito da un saggio sulla morte letto su una rivista, decide di contattare il giovane autore, Francesco Monteiro Rossi, per proporgli di collaborare alla pagina culturale del giornale per cui scrive. Tuttavia, Monteiro Rossi, anziché comporre i necrologi imparziali dei personaggi che gli indica Pereira, scrive autentiche tirate politiche a favore o contro i singoli scrittori, ora attaccando il fascismo di D'Annunzio, ora encomiando la dissidenza di Federico García Lorca. Anche se animato dalla volontà di licenziare il nuovo collaboratore, Pereira decide di continuare ad aiutarlo economicamente, pur non pubblicandone i necrologi ad alto tasso ideologico.

A tutta prima, non capacitandosi del suo stesso contegno, Pereira pensa che la sua simpatia per il giovane collaboratore dipenda unicamente dal ricordo della propria giovinezza che questi riesce a suscitare in lui. Tuttavia, gradualmente, viene acquistando una nuova consapevolezza, in ciò favorito dai dialoghi con il dottor Cardoso e, in particolare, dalla tesi che questi espone circa la teoria di alcuni psicologi francesi sulla «confederazione delle anime».

In accordo con tale teoria, ciascuno di noi disporrebbe non di un'unica anima, bensí di una confederazione di anime guidate da un «io egemone». Può, talvolta, accadere che quest'ultimo sia spodestato da un nuovo io egemone, in grado di assumere il controllo della confederazione e di determinare un cambiamento nella personalità e nello stile di vita. È ciò che, a giudizio del dottor Cardoso, sta ora accadendo a Pereira:

> Forse, concluse il dottor Cardoso, dopo una paziente erosione c'è un io egemone che sta prendendo la testa della confederazione delle sue anime, dottor Pereira, e lei non può farci nulla, può solo eventualmente assecondarlo[6].

Dall'indifferenza iniziale verso il mondo circostante e le sue storture, Pereira comincia a maturare una coscienza sempre piú oppositiva, anche se non ancora operativa. Le violenze quotidianamente perpetrate dal regime, l'occhiuta censura che controlla e disciplina la stampa, la manipolazione del consenso con cui opera il potere diventano ogni giorno che passa meno naturali e piú insostenibili per Pereira. Seguendo il suggerimento del dottor Cardoso, Pereira cessa di frequentare esclusivamente il proprio passa-

---

[6] A. TABUCCHI, *Sostiene Pereira*, Feltrinelli, Milano 1994, p. 123.

to: inizia a frequentare anche il presente e il futuro, rinunciando all'indifferenza e parteggiando sempre piú attivamente, anche se solo a livello teorico, per l'opposizione al regime.

Nel frattempo, Monteiro Rossi, ricercato per la sua attività sovversiva, trova rifugio nella casa di Pereira, fintantoché la polizia non fa irruzione nell'abitazione e non lo massacra barbaramente. Questo atroce delitto segna il compimento del passaggio della «confederazione di anime» di Pereira sotto l'egemonia del nuovo io dissenziente. Con un abile trucco, proprio prima di abbandonare il Portogallo, Pereira riesce a far pubblicare sulla prima pagina del giornale un vibrante articolo che è il necrologio di Monteiro Rossi e, insieme, un'incondizionata denuncia del regime.

Egli cosí diventa un eroe del dissenso, riscattando la propria iniziale passività e il proprio conformismo al consenso di massa verso il potere. E compie lui stesso il gesto di Monteiro Rossi, la compilazione di un necrologio che è, insieme, una chiara presa di posizione politica rispetto all'ordine esistente. In questa maniera, Pereira rivela l'acquisita consapevolezza del fatto che imparzialità e indifferenza rappresentano una presa di posizione niente affatto imparziale e indifferente a favore dell'esistente.

Pur reciprocamente irriducibili tra loro, Pereira e Bartleby possono ragionevolmente essere considerati come personaggi del dissenso o, piú precisamente, della pedagogia del dissentire contro le ingiustizie che l'indifferenza e l'inerzia ci hanno indotto a vivere come naturali e fisiologiche. Essi ci mostrano la via che, nella biografia di ognuno, può gradualmente condurre alla rivolta, ossia, secondo l'etimologia del termine, al «voltare faccia», a cambiare il senso di marcia rispetto al percorso seguito fino a quel momento, fintantoché a essere egemone era un altro io[7]. Paradigmi dell'uomo in rivolta, Pereira e Bartleby ci insegnano che l'arte della dissidenza e la strategia del rifiuto debbono essere coltivate e formate mediante un percorso di maturazione della coscienza, scandito da erosioni delle certezze inerziali e da attivo coinvolgimento nelle vicende che attraversano febbrilmente la scena del presente; di modo che l'ovvio divenga problematico e il necessario sia restituito alla dimensione del possibile e, dunque, concepito come non naturale né inemendabile: «tutto è | tremendo ma non ancora irrimediabile»[8].

[7] CAMUS, *L'uomo in rivolta* cit., p. 18.
[8] F. FORTINI, *L'ospite ingrato*, in ID., *Versi scelti. 1939-1989*, Einaudi, Torino 1990, p. 338.

16.
Ultimi uomini e nuova cattività simbolica

> Il singolo Esserci è disperso nel Si e deve, prima di tutto, trovare se stesso.
>
> M. HEIDEGGER, *Essere e tempo.*

Alla luce di quanto siamo venuti sostenendo, il dissenso dovrebbe oggi consistere nella radicale e incondizionata messa in discussione dell'apparato del pensiero unico politicamente corretto su cui il mondialismo economico si regge. Il pensiero può, a giusto titolo, definirsi critico e in rivolta quando restituisce alla libera discussione razionale ciò che i dogmi preordinati dall'ordine simbolico pretendono di risolvere in modo non dialogico, ora presentandolo come ovvio, ora diffamando preventivamente chiunque osi anche solo volerlo vagliare argomentativamente.

Dissentire, nel tempo della tirannia dell'*idem sentire* planetario e della sincronizzazione globale delle coscienze, significa rovesciare il consenso universale di massa, mostrandone la falsità e compiendo una secessione anzitutto individuale a partire dalla propria «coscienza infelice», di modo che poi l'opposizione possa strutturarsi nelle forme corali dell'agire politico.

Con la grammatica di Hirschman, la «defezione» è chiamata a porsi come primo momento per il costituirsi della successiva «protesta» nelle forme sociali e politiche secondo cui essa può declinarsi. Il movimento del dissenso, ancora una volta, non può non trovare nella coscienza dell'io individuale il proprio momento genetico. La dinamica dell'autentico dissentire è, in questo senso, diametralmente opposta a quella del «dissenso conservativo» con cui il potere rinsalda il consenso e la cattività simbolica. L'istituzionalizzazione del dissenso corrisponde alla sua anestetizzazione, quando non direttamente alla sua manipolazione, come nel già richiamato caso della figura dell'imperante dissenso verso il dissenso.

Come abbiamo evidenziato, nel tempo del grado zero della speranza sociale e della forza critica, il dissenso conservativo si costituisce in forma conformistica e, anzitutto, secondo le modalità gestite dal potere stesso e dai suoi sacerdoti, per andare a colonizzare le coscienze dei singoli io, affinché ciascuno dissenta come si dissente e protesti come si protesta. Dal canto suo, l'autentico dissentire sorge liberamente, a partire dalla coscienza individuale, prima di ogni sua cristallizzazione sociopolitica, che pure resta il modo ineludibile in cui il dissenso può farsi operativo.

Senza la secessione individuale della «coscienza infelice», non può esservi dissenso, se non nelle forme, oggi egemoniche, del dissenso conservativo. E, in assenza dell'organizzazione sociale e politica, il dissentire resta programmaticamente ineffettuale, destinato, tutt'al piú, a tradursi in singole defezioni con cui il soggetto si sottrae ad aspetti parziali del sistema dominante, lasciandone immutata la morfologia generale. Occorre, pertanto, intrecciare i due momenti della coscienza infelice individuale e dell'azione corale, determinata in senso sociopolitico. Il paradosso dell'odierna notte del mondo risiede nel fatto che, per un verso, come si è adombrato, il potere amministra i flussi del consenso e del dissenso: mantiene il gregge degli ultimi uomini in un perenne stato di prigionia ideologica (la «subalternità» di gramsciana memoria). E, per un altro verso, impedisce al dissenso individuale, ove ancora sussista, di valicare i confini della coscienza dell'io isolato per farsi sociale e politico, ossia per strutturarsi in forme tali che gli permettano di produrre un ordine nuovo. Impedisce alla defezione di farsi protesta, al sentire altrimenti di farsi contestazione condivisa e concretamente operativa.

Questo aspetto risulta lampante non appena si considerino i due profili antropologici oggi dominanti nella società totalmente amministrata: da una parte, gli ultimi uomini sazi e felici, che, tra i flussi della reificazione innalzata a stile di vita e del nichilismo dilagante ipostatizzato in destino irredimibile, sentono e dissentono come l'ordine della produzione chiede loro di fare; dall'altra, singoli atomi livorosi, che, all'ombra del potere, dissentono in maniera profonda quanto silenziosa rispetto alla razionalità sempre piú irrazionale dell'ordine reale e simbolico.

Il senso di insoddisfazione degli io frantumati che popolano la società livida, ma poi anche la loro consapevolezza che, anche nel tempo della fine della storia, molto continua a mancare, non si traduce in un programma palingenetico di riconfigurazione dello stato di cose. Si converte invece, sempre di nuovo, in frustrante senso di impotenza rispetto alle contraddizioni sistemiche, al cui cospetto il singolo individuo non può fare altro che adattarsi o, appunto, dissentire isolatamente, ai margini della città globale. L'ira gravida di buone ragioni non riesce mai a varcare i confini della coscienza individuale. Non si trasforma mai in energia politica condivisa e organizzata. Per questo, un groviglio inestricabile di cinismo, avidità e paura si è impossessato dell'anima dell'uomo occidentale sopravvissuto al 1989 o nato quando del Muro non vi erano che le macerie.

In quello che, a tratti, potrebbe essere concepito come un «secondo Ellenismo», il momento stoico dell'astratta fuga cosmopolitica degli ultimi uomini e quello epicureo dell'interiorità autentica all'ombra del potere dei dissenzienti portatori di coscienza infelice si rivelano oggi segretamente complementari, espressioni della generale resa al potere, vissuta ora con disincantamento depressivo, ora con ebete euforia.

I due momenti figurano, in effetti, come estrinsecazioni, sia pure opposte, dello stesso fenomeno, la diserzione tanto del sociale quanto della ricerca operativa della trasformazione del proprio orizzonte storico; diserzione vissuta ora come stoica necessità di conformarsi al fato, ora, con cupa rassegnazione, come epicurea rinuncia all'agire politico in nome dell'imperativo che prescrive di vivere nascostamente, a distanza di sicurezza dai cristalli del potere.

La politica stessa, nel desertificato paesaggio neoliberale, si ridispone come mera funzione variabile del sistema economico, vuoi anche come continuazione dell'economia con altri mezzi[1]. Abdica alla propria funzione autonoma e determina un vuoto che, rendendo strutturalmente malinconica la condizione neoliberale, si traduce nell'assenza della discussione razionale di futuri alternativi da concertare coralmente. Di qui l'odierno proliferare ora del volgare edonismo acefalo e disinibito, coerente con le strategie della pubblicità e del consumo e del loro riassorbimento della legge entro l'orizzonte del godere, ora di quella galassia di passioni tristi (cinismo, disincanto, paura), e soprattutto dell'ira individualizzata rispetto a una forza esterna che ci sovrasta e al cui cospetto, nella nostra solitudine di atomi conflittuali, ci sentiamo programmaticamente impotenti.

Per questo motivo, anche nelle loro forme iper-

---

[1] Su questo, rinvio ancora al mio *Il futuro è nostro* cit., cap. v.

boliche, il dissentire e l'ira gravida di buone ragioni restano oggi imprigionati negli antri della coscienza degli individui artatamente scissi dal tessuto comunitario, impossibilitati, nel tempo del legame infranto e dell'autismo generalizzato, a dare vita alla «social catena». Non stupisce, allora, che il potere miri, oggi piú che mai, all'oblio dell'essere sociale, alla rimozione coatta del rapporto intersoggettivo e della dimensione comunitaria come fonte dell'agire concertato in grado di produrre effetti concreti sul piano pratico-trasformativo. L'individuo isolato non può cambiare le geometrie dell'esistente. Può solo sopportarle silenziosamente, secondo le continue esortazioni che, gravide di *amor fati*, l'ordine simbolico dominante rivolge ai cittadini globali[2].

---

[2] Emblematico, in questo senso, resta il testo di P. SLOTERDIJK, *Devi cambiare la tua vita*, Cortina, Milano 2010 [ed. or. *Du mußt dein Leben ändern. Über Anthropotechnik*, 2009].

17

Due minuti d'odio

> Perfino quando in mezzo a loro serpeggiava
> il malcontento (il che, talvolta, pure accadeva),
> questo scontento non aveva sbocchi perché pri-
> vi com'erano di una visione generale dei fatti,
> finivano per convogliarlo su rivendicazioni as-
> solutamente secondarie. Non riuscivano mai ad
> avere consapevolezza dei problemi piú grandi.
>
> G. ORWELL, *1984*.

A rendere arduo il costituirsi del dissentire concorre anche l'assenza di un orizzonte di senso piú grande, che trascenda la dimensione delle singole rivendicazioni oppositive plurali e irrelate e che, al tempo stesso, sappia ricondurle a una cifra unitaria, conferendo a esse una direzione e un orientamento. In particolare, si avverte oggi la mancanza di una grammatica del conflitto condivisa, una vera e propria *koiné* del dissenso in grado di decodificare le contraddizioni di cui è gravido il nostro presente e, in maniera sinergica, di attivare una prassi corale, orientata al loro superamento e alla riapertura del futuro come luogo della possibilità dell'essere altrimenti[1].

Questa assenza si riverbera, anzitutto, sulla classe dei dannati della terra, a cui è stato tolto tutto, perfino la consapevolezza della propria condizione. Nuovi reclusi della caverna di Platone, essi sono vincolati da catene simboliche ancor prima che materiali: amano gli oppressori e odiano ogni eventuale prospettiva di fuga verso la libertà; inoltre, dissentono e lottano

---

[1] Rinvio al mio *Essere senza tempo* cit., pp. 352-64.

contro tutto ciò che potrebbe mettere in discussione
la loro stessa schiavitú. È sempre accaduto che, nelle
lotte di classe, anche i conflitti tra le grammatiche fossero asimmetrici. Il vocabolario e la lingua dei dominati sono sempre stati subalterni rispetto a quelli dei
dominanti. Mai, tuttavia, la subalternità strutturale
dei dominati era stata accompagnata cosí fedelmente
da quella sovrastrutturale come accade oggi, nel tempo della neolingua e del pensiero omologato perfetta-
mente realizzati.

La cattività simbolica rivela, per questa via, la
propria essenza di violenza simbolica[2]: invisibile e
inconscia, non fisica ma mentale, essa consiste nella
silenziosa imposizione delle categorie concettuali dei
dominanti ai dominati, di modo che questi ultimi introiettino l'ordine egemonico, ancorché esso sia a essi
del tutto sfavorevole e, di piú, responsabile del loro
asservimento. I dannati della terra hanno metaboliz-
zato il grande comandamento che la teologia della società totalmente amministrata, con il suo «Ministero
della Verità», ripete a reti unificate: non avrai altra
società all'infuori di questa. I nuovi schiavi – precari e
disoccupati, sfruttati e sottopagati – vivono il presente che li vede oppressi come un destino irredimibile.
Per la prima volta nella storia, si è impadronita della coscienza sociale la totale irrappresentabilità della
trasformazione, con annessa naturalizzazione fatalizz-
zante dell'ordinato disordine che regna sotto il cielo.

Nel tempo della sostituzione della passione del futuro con il disincanto dell'eterno presente, domina su
tutta la linea il greve fatalismo di chi accetta l'esistente,
quand'anche sia – com'è – intriso di contraddizioni,

---

[2] Mutuiamo questa categoria da F. LORDON, *La société des affects.
Pour un structuralisme des passions*, Seuil, Paris 2013, p. 125.

perché non è in grado di immaginare un'alternativa. In questo scenario, il potere non deve piú veicolare di sé l'immagine di un ordinamento perfetto, successore logico e cronologico del Dio dei cieli. Gli basta presentarsi come inemendabile, seppure imperfetto. L'apparente flessibilità di un sistema sociopolitico disposto a riconoscersi imperfetto e, di piú, denso di contraddizioni è, in pari tempo, negata dal suo autocontrabbandarsi come graniticamente intrasformabile, come il solo mondo che ci sia concesso di pensare e abitare.

La flessibilità e la precarietà degli stili di vita e della strutturazione dell'ordine neoliberista convivono cosí, nell'unità dialettica degli opposti, con l'assolutismo mistico della necessità dell'ordine delle cose. Il potere guadagna in annichilimento preventivo delle possibili strategie di opposizione e di dissenso quel che perde in estetica della compiutezza. Perché la cattività simbolica e la *loyalty* al sistema siano garantite anche da parte del polo di chi avrebbe tutto l'interesse a rovesciarlo, la società del consenso di massa opera frammentando la coscienza e distogliendo permanentemente l'attenzione dalla contraddizione principale, il rapporto classista tra Servo e Signore e, con esso, il reificato miraggio della crescita infinita. Lo fa, ancora una volta, amministrando capillarmente i flussi del consenso e del dissenso, affinché la pluralità dei dissensi coesista dialetticamente con l'irrevocabile consenso omologato rispetto alla civiltà dei consumi.

In questa luce, si spiega l'odierno proliferare di quella ricca gamma di dicotomie oppositive sterili e fuorvianti (atei e credenti, autoctoni e stranieri, destra e sinistra, omosessuali ed eterosessuali, uomini e donne, vegetariani e carnivori ecc.), il cui scopo è duplice. Per un verso, occulta la contrapposizione tra alto e basso, tra Servo e Signore, tra sfruttati e sfruttatori. Per un altro, in modo convergente, impedisce che i conflitti e i dissensi che continuano oggi a moltiplicarsi sotto il cielo assumano la forma unitaria di un solo, grande dissenso verso il sistema del fanatismo economico e dell'alienazione garantita.

Laddove la lotta tra le classi andava pur sempre a confliggere con i rapporti di forza dell'economia, la lotta – favorita artatamente dall'odierno ordine del discorso – fra eterossessuali e omosessuali, fra immigrati e autoctoni, fra atei e credenti, fra rossi e neri, fra uomini e donne, fra cristiani e islamici non li sfiora nemmeno. Di piú, li nasconde, vuoi perché direttamente non li prende di mira – su tutto oggi è lecito dissentire, fuorché sul rapporto di forza egemonico –, vuoi perché, nella migliore delle ipotesi, come nella *Lettera rubata* di Edgar Allan Poe, occulta la lotta contro il classismo, ponendola accanto a una galassia di altri microconflitti.

Anche dissensi e lotte di per sé nobilissimi, come quelli in difesa dell'acqua pubblica, dei diritti delle donne e della respirabilità dell'aria contro l'inquinamento o, ancora, dei diritti delle minoranze contro le discriminazioni, mancano di un loro comune orizzonte di senso che assuma l'unitarietà del genere umano come soggetto da emancipare dall'alienazione capitalistica e dal classismo economico.

Complici le prestazioni della fabbrica dei consensi, il nemico sarà sempre individuato nell'altro particolare, mai nel sistema economico dominante; con la conseguenza, del tutto paradossale, per cui il giovane disoccupato islamico si illuderà che il suo rivale sia il giovane disoccupato cristiano e non il magnate della finanza, signore del globalismo che pratica la delocalizzazione del lavoro e la volatilizzazione dei capitali. O, ancora, l'omosessuale disoccupato o precario riterrà surrettiziamente di essere piú simile a un omosessuale proprietario di imprese multinazionali che a un eterosessuale disoccupato o precario.

Il potere raggiunge il grado massimo del controllo sulle anime, allorché riesce a convincere le menti degli schiavi che il nemico sia chi è nella loro stessa condizione o, addirittura, chi sta piú in basso e non piú in alto rispetto a loro. La composizione e la coscienza di classe dei dominati sono neutralizzati mediante l'impiego, gestito *ad hoc* dal potere, di false categorie oppositive che generano infinite lotte tra gli ultimi mentre il nuovo Signore si prende tutto: con le parole di Tito Livio, *dum Romae consulitur, Saguntum expugnatur* (*Ab Urbe condita libri*, XXI, 7, 1).

Per questa via, il «grande dissenso» – cosí potremmo battezzarlo, variando la formula di Marcuse[3] – è dispersivamente frammentato nei mille rivoli delle opposizioni secondarie o, in ogni caso, tali da distogliere l'attenzione dalla contraddizione principale e da creare contrapposizioni tra gli ultimi. Cosí, si polverizza la coscienza di classe e si impedisce preventivamente il costituirsi di un fronte unitario degli offesi del pianeta contro l'oligarchia finanziaria e in difesa di un assetto autenticamente democratico, fondato su rapporti tra individui liberi, uguali e solidali.

Dal femminismo individualista al pacifismo rituale, dallo scontro virtuale tra atei e credenti a quello oggi altrettanto virtuale tra destra e sinistra, dall'ecologismo di maniera all'ipocrita elogio dei migranti accompagnato dall'indifferenza verso la loro reale condizione (elogio che è, poi, l'altra faccia dell'idiotismo

---

[3] «Il grande Rifiuto è la protesta contro la repressione superflua, la lotta per una forma definitiva di libertà – "vivere senza angoscia"»: H. MARCUSE, *Eros e civiltà*, Einaudi, Torino 1964, p. 176 [ed. or. *Eros and Civilization. A Philosophical Inquiry into Freud*, 1955].

xenofobo), si moltiplica di giorno in giorno il fronte dei dissensi scissi dal grande dissenso. Tutti diversi, sono però accomunati dalla lotta contro gli aspetti piú disparati del sistema, ma mai contro la produzione capitalistica in quanto tale.

Talvolta, l'ordine simbolico dominante viene rinsaldato mediante la conservazione di dicotomie oppositive estinte da tempo, come nel caso dell'odierno antifascismo liturgico in assenza completa di fascismo. Giusto ai tempi di Gramsci e Gobetti, e cioè quando il fascismo era in vita, l'odierno antifascismo a piú di settant'anni dalla fine dei nazifascismi diventa una funzione espressiva del pensiero unico politicamente corretto. Quest'ultimo, per un verso, fonda sull'antifascismo permanente la critica di tutte le dittature passate, presenti e future, legittimando in tal maniera il regno neoliberale come il solo «libero» e non dittatoriale: cosí si spiega, per inciso, il fermo rifiuto che della liturgia antifascista seppe operare, da una prospettiva marxista, Amadeo Bordiga, intuendo con lungimiranza il nesso simbiotico tra antifascismo e liberalismo. E, per un altro verso, l'odierno antifascismo in assenza di fascismo disloca il conflitto e la passione della critica dirottandoli dalla contraddizione presente (il nesso di forza capitalistico) a quella estinta (il fascismo). In tal maniera, offre un *alibi* ai tanti fustigatori di un presente cui sono segretamente organici per non opporsi al fanatismo economico. Permette loro di combattere un nemico già sepolto, accettando placidamente quello in forze, di opporsi al manganello passato accettando in silenzio quello invisibile dell'economia (ingiustizia sociale, disoccupazione, miseria, privatizzazioni selvagge e deregolamentazione del lavoro).

Variante paradigmatica della critica conservatrice, l'antifascismo in assenza di fascismo – l'«antifascismo archeologico» bersagliato da Pasolini[4] – desta l'illusione che il *maximum* del dissenso possibile sia oggi quello che, in verità, non sfiora neppure i reali rapporti di forza. Svolge, in questo senso, una funzione apotropaica rispetto al grande dissenso. Accade cosí che, in una delle molteplici scene di ordinaria postmodernità, mentre i giovani antifascisti in assenza di fascismo si scontrano sulle piazze con i giovani anticomunisti in assenza di comunismo, il capitale, i re della finanza e i signori del globalismo non smettono di realizzare indisturbati le loro politiche, senza che alcun dissenso si levi contro le loro operazioni irresponsabili.

A cavaliere fra il tragico e il comico, questo scenario richiama alla memoria, nei suoi tratti essenziali, la pratica dei «due minuti d'odio» tratteggiata da Orwell nelle pagine di *1984*. In assenza di una visione generale dei fatti e di una comprensione sistemica delle contraddizioni principali e secondarie, il dissenso si risolve puntualmente nei due minuti d'odio promossi dal potere e diretti verso nemici non piú esistenti o mai esistiti, nella forma di rivendicazioni del tutto secondarie, sempre abissalmente distanti dai reali rapporti di forza. La protesta contro la reificazione finisce, cosí, per darsi in forme reificate, che riconfermano l'ordine dominante nell'atto stesso con cui lo sottopongono a critica. Il dissenso si fa espressione del consenso, riconfermato per via negativa.

Una rappresentazione icastica e, a suo modo, tragicomica dell'odierna società dell'impotenza generalizzata, con i suoi due minuti di odio consentito, ci è restituita dalle manifestazioni di piazza che, dopo il

---

[4] Intervista di Massimo Fini a Pier Paolo Pasolini, in «L'Europeo», 26 dicembre 1975, ora in P. P. PASOLINI, *Scritti corsari*, Garzanti, Milano 1975, pp. 284-85.

1989, si sono sempre piú presentate nella forma del corteo da commedia: sindacalisti col fischietto, seguiti da femministe bercianti e da individui travestiti da pagliacci sui trampoli, a loro volta accompagnati da pacifisti salmodianti e policromi, e, a chiudere la sfilata, facinorosi in passamontagna e vestiti di nero, che incendiano cassonetti e spaccano vetrine ampiamente assicurate[5].

Questi cortei e le diverse componenti di cui constano non costituiscono, ovviamente, un'opposizione all'irragionevole razionalità strumentale del sistema economico. Con i loro due minuti d'odio rivolti verso tutto fuorché la società di mercato, svolgono, anzi, una funzione apotropaica rispetto al dissenso.

Di piú, si rivelano complementari rispetto al globalitarismo, del quale condividono il progetto dell'estinzione degli Stati e della famiglia, della cultura e delle comunità solidali in nome del *one world* completamente omologato e senza differenze che non siano quelle economiche. In questo senso, per paradossale che possa sembrare, anche i banchieri apolidi e le moltitudini deterritorializzate cantate da Toni Negri sono soggetti complementari[6]. Essi condividono la delegittimazione dello Stato, la deterritorializzazione, il nomadismo come condizione esistenziale e la mondializzazione mercatistica come presupposto naturale, oltre che il dissenso verso tutto ciò che possa frenare il ritmo dell'onnimercificazione.

---

[5]. Cfr. C. PREVE, *Storia dell'etica*, Petite Plaisance, Pistoia 2007, pp. 67-78.

[6]. Cfr. T. NEGRI e M. HARDT, *Impero. Il nuovo ordine della globalizzazione*, Rizzoli, Milano 2002 [ed. or. *Empire*, 2000]; ID., *Moltitudine: guerra e democrazia nel nuovo ordine imperiale*, Rizzoli, Milano 2004 [ed. or. *Multitude*, 2004]; ID., *Comune. Oltre il privato e il pubblico*, Rizzoli, Milano 2010 [ed. or. *Commonwealth*, 2009].

La differenza tra il banchiere apolide e l'anarchico deterritorializzato, tra il *broker* finanziario e lo stralunato del centro sociale risiede inconfessabilmente solo nel fatto che, figli della stessa antropologia della forma merce e dell'incoscienza felice postmoderna, i primi sono disposti a pagare per consumare, mentre i secondi aspirano al consumo senza il pagamento. Nessuno dei due dissente rispetto alle logiche reificanti del cattivo infinito della crescita, che innalzano il consumo, la produzione e la circolazione di merci a unico orizzonte di senso in cui pensare il presente e progettare il futuro.

Nell'attuazione di una figura dialettica non prevista dalla *Fenomenologia dello Spirito* di Hegel, l'internazionalismo proletario pare essersi oggi rovesciato nel cosmopolitismo classista capitalistico, secondo la parabola che dall'Internazionale comunista conduce all'odierna Internazionale liberal-finanziaria.

18.

Dissento, dunque siamo

> Bisogna far loro scoprire quello che non sopportano ma che credono immodificabile – la realtà, insomma –, perché non possono cambiarla se non si uniscono.
>
> J.-P. SARTRE, *Ribellarsi è giusto!*

Nell'epoca dell'individualismo autistico e degli egoismi senza slancio, anche i dissensi restano atomizzati e autoreferenziali, sconnessi da una prospettiva piú grande che sappia accoglierli e, insieme, organizzarli nella forma del «grande dissenso» verso la civiltà dei consumi.

La nostra resta l'età dei dissensi e, insieme, del consenso di massa generalizzato. Le forme plurali dell'opporsi coesistono dialetticamente con l'irriflessa accettazione dell'ordine economico dominante, secondo una dinamica coerente con il «blocco storico» della mondializzazione come gabbia d'acciaio con politeismo dei valori incorporato.

Proprio come gli stili di vita sgargianti e differenziati, i costumi plurali e non allineati, la molteplicità delle mode e la sfavillante policromia delle marche, l'encomio delle differenze, del nomadismo e degli *united colors*, anche la pluralità prismatica delle proteste rientra nel quadro di quel politeismo dei valori che occulta e glorifica sovrastrutturalmente la struttura monoteistica del mercato che tutti li racchiude e metabolizza.

L'integralismo economico accetta i plurali, e si sostanzia della loro moltiplicazione infinita, a patto che essi riflettano tutti sempre e solo l'immagine del mercato stesso; ossia purché riconfermino senza posa, in modo tautologico, l'esistente mediante un frazionamento del medesimo che desta l'illusione del plurale.

Nell'odierna notte dell'omologazione generalizzata e della metabolizzazione della merce come orizzonte unico, su tutto si può dissentire, a patto che non si pervenga mai al grande dissenso verso la violenza economica; e, in modo convergente, tutto è permesso, fuorché pensare e agire in vista di una società diversamente strutturata.

Per questo, il flusso dei dissensi oggi consentiti riguarda sempre e solo la sfera dell'individuo e aspetti che, quand'anche siano di rilievo, mai investono la dimensione sociale e la contestazione olistica dell'ordine mercatistico.

Nell'odierno quadro della generalizzata sindrome di impotenza, il disarmo del dissenso e delle conseguenti pratiche dell'opposizione in nome della società emancipata sembrano trovare una loro illusoria compensazione nei dissensi frammentati e autoreferenziali di cui si diceva, ma poi anche nelle rivendicazioni programmaticamente individualistiche che non scalfiscono, e nemmeno nominano, la contraddizione principale. La questione economica è sostituita dalla questione morale, i diritti sociali da quelli civili, la lotta contro l'ordine ingiusto dal legalismo che sanziona chiunque non lo rispetti.

Dal «pensiero forte» della militanza rivoluzionaria si è disinvoltamente transitati a quel «pensiero debole» della tutela delle minoranze che frammenta la lotta in mille rivoli (dagli scontri femministi all'ecologismo, dalle battaglie per la legalità ai girotondi pacifisti). Giunge, cosí, a compimento l'evoluzione dissolutiva e narcisistica del profilo individualistico della nuova sinistra antiborghese e ultracapitalistica.

In particolare, i diritti civili, di per sé giusti e nobi-
li, vengono oggi impiegati come arma di distrazione
di massa per occultare il trionfo su tutta la linea delle politiche neoliberiste di smantellamento dei diritti
sociali in nome della riorganizzazione del lavoro e del
taglio della spesa pubblica.

La critica sistemica in nome dell'emancipazione di
tutti si rideclina come ricerca spasmodica dell'affermazione antiborghese dell'io individuale proprietario
di diritti civili e di volontà di potenza consumistica
coestensiva rispetto al valore di scambio posseduto.

Il progetto marxiano di redenzione sociale è abban-
donato in favore della salvezza individuale, il grande
comandamento dell'etica protestante su cui lo spirito
del capitale non ha cessato di fondarsi.

Lotte di per sé giuste come quella per le unioni
civili omosessuali, quelle del femminismo e dell'ani-
malismo radicale rivelano, in quanto completamente
disgiunte dalla questione sociale e dall'opposizione al
fanatismo economico, che una nuova cultura postborghese e postproletaria ha sostituito i valori centrati
sulla dignità del lavoro e dei diritti sociali e, con essi, la contestazione operativa del modo capitalistico
della produzione.

Per un verso, con generosità solo apparente, il fanatismo economico fa dono dei diritti civili per di-
strarre dalla rimozione in atto di quelli sociali; e, per
un altro verso, la critica conservatrice delle forze politiche dell'opposizione ideale di sua maestà *le Capital*
mobilitano le masse in difesa dei primi, affinché le rivendicazioni non investano mai i secondi, né emerga
l'avvenuto transito delle forze che un tempo lottavano
contro il capitale al fronte egemonico della lotta *per* il
capitale. La società dello spettacolo promuove forme
superficiali di dissenso e, insieme, previene quelle reali.

L'ideale di riferimento non è piú quello della gramsciana «città futura», riscattata dalle miserie del presente, un luogo comune di umanità da cui possa finalmente splendere una grandezza solidale e in cui ciascuno sia ugualmente libero rispetto a tutti gli altri. Il solo orizzonte emancipativo che il tempo degli ultimi uomini sembra potersi permettere coincide con l'individuo sovrano e monadicamente isolato in se stesso, portatore di diritti individuali e privo di ogni diritto sociale, senza legami che non siano le catene che lo vincolano al circuito dello scambio e del consumo, della produzione fine a se stessa e della crescita infinita.

È questa la cifra dell'odierno blocco storico, unione ideologica di intrasformabilità delle strutture economiche e sociali e di tutela di un minimalismo rivendicativo dei diritti individuali.

Astrattamente, tutto tende a diventare possibile, in coerenza con l'abbattimento di ogni autorità operato dall'estensione illimitata della forma merce. Ma, in concreto, quasi nulla finisce per essere possibile, poiché la possibilità virtuale senza limiti trova nell'autorità del valore di scambio la propria frontiera insuperabile.

Cosí, astrattamente, secondo la dinamica in atto, ciascuno si potrà sposare con chi vuole, ma, in concreto, pressoché nessuno potrà sposarsi, complici le condizioni precarie e flessibili del lavoro e, con esso, degli stili di vita.

L'emancipazione intesa in forma non illusoria dovrebbe consistere non già nell'astratto riconoscimento giuridico della relazione sentimentale e del progetto di vita di due individui (omosessuali o eterosessuali che siano), bensí nel fatto che essi possano disporre di un lavoro garantito e di un salario, di diritti sociali e di tutele, di modo che la loro relazione, oltre a essere riconosciuta in astratto, possa anche esistere in concreto.

Ancora, astrattamente, ciascuno potrà sovranamente decidere quando interrompere la propria vita, ma concretamente sarà indotto a optare per l'eutanasia non appena la sua vita non sarà piú economicamente redditizia e produttiva. Ciascuno potrà astrattamente dire ciò che vuole, senza limiti, ma concretamente non avrà piú alcunché da dire, poiché l'ortodossia del pensiero unico e della neolingua avranno colonizzato integralmente le coscienze. Se questo è il paesaggio sociopolitico in cui siamo collocati, occorre articolare un dissenso che sappia tenerne conto, secondo un intreccio a geometrie variabili di sobrio realismo e passione utopica o, con la sintassi gramsciana, di pessimismo dell'intelligenza e ottimismo della volontà.

Il dissenso dell'io individuale che si ritrova nella dispersione dell'omologazione planetaria costituisce, come si è visto, il momento genetico per il costituirsi del rifiuto della *Weltanpassung*, dell'«adattamento al mondo». Ma il dissenso verso la civiltà dei consumi, intesa come totalità alienata, è chiamato a trapassare nelle concrete figure dell'agire politico, compiendo l'esodo dalla coscienza individuale in cui è sorto, pena il capovolgersi nel disincantato consenso di massa di chi si oppone *in interiore homine* per poi accettare conformisticamente, nella prassi quotidiana, la falsità del classismo planetario[1].

L'indipendenza e l'autonomia costituiscono indubbiamente una forza, che però determina l'isolamento e la solitudine, che sono una debolezza. Per sottrarsi al suo possibile disinnesco conformistico, il dissentire deve, dunque, organizzarsi coralmente, forse anche nella forma di un ipotetico «partito del dissenso»,

---

[1] Sulle forme del «tacito dissenso», si veda CHIODI, *Tacito dissenso* cit., pp. 148 sgg.

in grado di opporsi all'oggi maggioritario partito del pensiero unico e del consenso di massa. L'io disperso nel regno anonimo del Si ritrova se stesso solo a patto di comprendere, in pari tempo, che condivide questa estraniazione con altri individui e che può liberare se stesso solo mediante la liberazione della società tutta: «nessuno o tutti – o tutto o niente.| Non ci si può salvare da sé»[2].

In questo modo, il dissenso svolge, nella vita pratica, una funzione analoga a quella del *cogito* cartesiano nell'ambito del pensiero. Fonda la certezza di essere nella falsità e, insieme, l'esigenza di riscattarla insieme con gli altri schiavi. E mira, per ciò stesso, a liberare l'umanità tutta dall'alienazione, riattivando l'Ideale e il legame sociale spezzato. Affranca l'individuo dalla sua solitudine e permette al dissenso di trapassare nelle concrete figure dell'indocilità ragionata: *dissento, dunque siamo*[3]. È questa la formula del grande dissenso come potere che destituisce l'ordine presente in vista di una città futura in cui tutti siano egualmente liberi. Il dissenso deve, allora, guadagnare una sua egemonia nel senso gramsciano, impiegando i canali della cultura e della politica, per contrastare, sul piano sovrastrutturale, la cattività simbolica e, su quello strutturale, la schiavitú materiale in cui è oggi relegata l'umanità offesa. Esso è, allora, chiamato oggi a svolgere una funzione analoga a quella della «coscienza infelice» di hegeliana memoria, ponendosi come contestazione operativa, da parte del singolo, di ciò che è diversamente da come potrebbe e dovrebbe essere e, insieme, come figura dell'attivo risveglio dei

[2] B. BRECHT, *Keiner oder Alle* (1934), in ID., *Gesammelte Werke*, Suhrkamp, Frankfurt a. M. 1967, 20 voll., I, p. 2181.
[3] CAMUS, *L'uomo in rivolta* cit., p. 27.

dissensi latenti nella società; o anche come aggregatore dei singoli movimenti oppositivi che attraversano in forme disperse la società civile, affinché possa costituirsi un fronte antagonista che assuma come proprio orizzonte unitario di senso la lotta contro il fanatismo economico del regno capitalistico.

Perché il «partito del dissenso» possa prendere forma, occorre anzitutto compiere una duplice mossa, filosofica e politica. In primo luogo, bisogna defatalizzare l'immagine del mondo oggi egemonica, quella che assolutizza i rapporti di forza predicandoli immutabili e producendo quel greve fatalismo degli attori sociali che rende fatale e intrasformabile l'esistente. Di qui, come si è cercato di mostrare altrove[4], l'esigenza filosofica di una nuova filosofia della praxis che, variando il coefficiente di inevitabilità, torni a far brillare la possibilità come cifra ontologica del reale; e che, di conseguenza, permetta di pensare il presente come storia e come possibilità, e dunque come né eterno, né intrasformabile, ma sempre inserito nel ritmo del divenire.

In secondo luogo, su un piano piú strettamente politico, occorre dare vita a un «moderno principe», a una strutturazione organizzativa, anche nella forma partitica, che sappia raccogliere e coordinare tutti i soggetti che, come i protagonisti di *1984* e di *Matrix*, sono pervenuti alla coscienza della falsità dell'intero spezzando le catene della prigionia ideologica orchestrata dalla civiltà del consenso di massa. Perché tale formazione possa istituirsi, è condizione imprescindibile il superamento delle divisioni con cui, come si è evidenziato, il potere mantiene divisa e in conflitto la base degli offesi con il solo obiettivo di evitare che,

---

[4] Rinvio al mio *Il futuro è nostro* cit., capp. III e IV.

con l'unione e il reindirizzamento verso l'alto dell'ira politica, si crei un fronte unitario dell'opposizione al pensiero unico e all'ideologia del medesimo, al classismo globale e al mito della crescita ai danni della vita umana e del pianeta. La ricategorizzazione del reale, vuoi anche l'elaborazione di nuove mappe concettuali, che non siano quelle fornite dal polo del Signore e che permettano finalmente di pensare altrimenti, costituisce un momento fondamentale per la genesi di una coscienza oppositiva che sappia farsi progetto politico. Del resto, il solo modo per poter evadere consiste nel comprendere preventivamente com'è fatta la prigione.

Seguendo Gramsci, una teoria può dirsi rivoluzionaria quando separa completamente il campo del Servo da quello del Signore, ponendosi come «vertice inaccessibile» agli avversari e come categorizzazione del reale non riassorbibile nelle maglie dell'ideologia dominante[5]. Naturalmente, il potere mobiliterà l'intero quadro del clero intellettuale e giornalistico e del circo mediatico per mantenere frammentata la base e in conflitto tra loro gli esclusi, diffamando e silenziando chiunque proponga la riverticalizzazione del conflitto e il progetto politico del fronte unico del dissenso; progetto il cui fine si condensa nelle parole della ventinovesima delle *Tesi di Lione* di Gramsci: «raccogliere intorno a sé e guidare tutti gli elementi che per una via o per un'altra sono spinti alla rivolta contro il capitalismo»[6].

Raccogliere intorno a sé e guidare significa non già ricadere nella frammentazione delle opposizioni – diverse per presupposti e per obiettivi – fintamente

[5] GRAMSCI, *Quaderni del carcere*, cit., IV, 14, p. 435.
[6] ID., *Tesi di Lione* (1926), in ID., *La costruzione del partito comunista (scritti 1923-1926)*, Einaudi, Torino 1971, pp. 495 sgg.

connesse, bensí riunire i dissensi e le proteste, senza
curarsi dell'opinione pubblica manipolata e senza farsi
vincere dal senso di agorafobia intellettuale.

Vuol dire inserirli in un orizzonte comune che,
mediante inedite sintesi, conferisca a essi un'unità e
una direzione; di modo che l'orientamento teleologico resti stabilmente l'emancipazione dell'uomo dalla
barbarie del classismo planetario e del monocultura-
lismo del mercato, in vista della semplicità che è difficile a farsi, ossia di una società democratica di individui egualmente liberi e solidali.

Da orizzontale il conflitto deve tornare a farsi verticale, strutturandosi secondo la dicotomia tra Servo
e Signore. Dispersa nella pura orizzontalità dei molteplici scontri tra gli ultimi – ossia tra i membri della
classe del Servo –, la lotta è, dunque, chiamata a ri-
verticalizzarsi, cioè a ridisporsi secondo la polarità tra
alto e basso, tra vertice e base, tra Signore e Servo,
affinché torni a prendere forma la «ribellione delle
masse»[7] evocata da Ortega y Gasset.

Il solo mezzo per comprendere senza il velo delle
ideologie l'essenza conflittuale e contraddittoria della
società in cui viviamo consiste nell'assumere la prospettiva dei dominati, conferendole voce e portan-
dola alla piena coscienza, ma poi anche respingendo
il particolarismo ideologico strenuamente difeso dai
molteplici sacerdoti dell'ordine simbolico e lottando
per quell'imperativo della ragione, a oggi irrealizzato,
che è l'universale umano.

Tornando a porre in relazione vitale l'umanità
pensante e l'umanità sofferente, la coscienza infelice
e le lotte per il riconoscimento del lavoro, il moderno

    [7] J. ORTEGA Y GASSET, La ribellione delle masse, SE, Milano 2001
[ed. or. La rebelión de las masas, 1929].

principe dovrà, allora, organizzare i dissensi nella forma del «grande dissenso» verso la civiltà dei consumi e in nome di una democrazia pienamente realizzata.

Facendo della teoria un momento della praxis, dovrà strutturare l'azione politica nella duplice direzione dell'opposizione incondizionata al fanatismo economico e del promovimento dell'ideale di un'umanità emancipata e fine a se stessa, esistente come soggetto indiviso e, insieme, nella pluralità delle sue manifestazioni culturali e linguistiche.

Coniugando tra loro la lotta per i diritti civili e quella per i diritti sociali (senza impiegare, come oggi accade, i primi come *alibi* per rinunciare ai secondi), dovrà saper rigettare la falsa universalità della globalizzazione mercatistica in nome di quella vera, ossia di un universalismo delle differenze che sappia coniugare e armonizzare il diritto alla pluralità con l'universale umano, le comunità culturali e linguistiche con la loro comune appartenenza al genere nella forma di quello che, in altra sede[8], abbiamo qualificato come «comunitarismo cosmopolitico».

Riprendendo e variando l'immagine del *Politico* di Platone[9], la vera «arte regia» della politica è quella in grado di produrre un magnifico ordito, permettendo che coesistano, per un verso, nel senso prima accennato, i dissenzienti diversi per provenienza e presupposti, per orientamento e prospettiva, e, per un altro, intrecciando i dissensi plurali e il grande dissenso come loro orizzonte comune in nome di una città futura democratica e riscattata dalla miseria presente.

Il dilemma che oggi si pone per chi non voglia rinunciare alla critica e allinearsi con il coro dell'orto-

[8] Rimando a *Il futuro è nostro* cit., cap. VI.
[9] PLATONE, *Politico*, 285c-287b, in ID., *Tutti gli scritti* cit., pp. 344-45.

dossia dominante riguarda la possibilità di una valorizzazione dei momenti emancipativi del nostro tempo
– l'attenzione per le differenze, per la pluralità e per
la molteplicità di stili di vita – che sappia, però, sot-
trarli allo sguardo medusizzante del valore di scambio
e all'immediata riconversione in merce che esso opera (quand'anche si presenti come *green* e vegetariano,
come animalista e ambientalista, il capitale resta pur
sempre capitale).

Di qui l'importanza inaggirabile di un nesso simbiotico tra il grande dissenso e i piccoli dissensi quo-
tidiani. Da solo, il primo rimane un ideale astratto,
un vano proclama incapace di determinarsi concretamente e di tradursi in azioni conseguenti.

Se il nemico resta, genericamente, la «tecnica»
intesa *à la* Heidegger come dispositivo onnipotente
e sottratto all'influenza della prassi umana, o il «potere» inteso alla maniera di Foucault, come reticolo
onnipervasivo e deterritorializzato, diffuso ovunque
e in nessun luogo, allora il dissenso rimane esso stesso
astratto e generico, totale nella sua estensione e nullo
nei suoi effetti.

I singoli dissensi, dal canto loro, se privati del ma-
cro-orizzonte del «grande dissenso», risultano inof-
fensivi e, di piú, facilmente assimilabili nelle logiche
sistemiche della frammentazione dell'opposizione. Finiscono per svolgere una funzione analoga a quella dei
due minuti d'odio tratteggiati da Orwell.

La nuova strategia del rifiuto e dell'ostilità ragionata dovrà, dunque, saper produrre una pedagogia
di decolonizzazione dell'immaginario e di consolidamento dell'antagonismo anzitutto del pensiero,
ma poi anche determinare il grande dissenso in ge-
sti concretissimi, come ad esempio quello dei fabbri
spagnoli che, nel 2013, si sono rifiutati di collaborare

agli sfratti causati dalla crisi finanziaria, o ancora, tra i molti, quelli del movimento «Occupy Wall Street».

Come l'amore è sempre amore per il nome particolare[10], mai per l'universale astratto – che, anzi, è troppo spesso l'*alibi* per il disinteresse verso chi ci sta accanto –, cosí il grande dissenso deve sempre farsi operativo rispetto a un particolare concreto, pur senza rinunciare al proprio orizzonte di riferimento.

In questo senso, come già si è evidenziato, il dissenso è sempre politico: non può esimersi dall'attribuire il nome al nemico. E oggi il grande dissenso verso l'integralismo economico globale è chiamato a organizzarsi e a tradursi in azioni concrete e conseguenti, muovendo dall'assunto che il nemico principale deve essere ravvisato nella società di mercato in ambito economico, nel neoliberismo sul piano politico, nell'individualismo nichilista e relativista in campo filosofico, nella monarchia del dollaro in sede geopolitica[11].

Il compito dell'agire politico per il futuro consiste, in fondo, nel tradurre il crepitio delle infinite proteste che si disperdono negli spazi stellari del villaggio globale in una *koiné* che, senza smarrire il proprio ritmo polifonico, sappia tradurre il dissenso in dissidenza corale e operativa.

Cervello della passione[12], la dissidenza è il dissenso che si fa stile di vita e che diviene pratico e rivoluzionario, inverandosi nella prassi che porta l'oggetto criti-

[10] Cfr. J. LACAN, *Il seminario. Libro X. L'angoscia 1962-1963*, Einaudi, Torino 2007, p. 369 [ed. or. *L'angoisse. Livre X. 1962-1963*].

[11] Cfr. A. DE BENOIST, *Il nemico principale. Considerazioni per anni decisivi*, La Roccia di Erec, Firenze 1983 [ed. or. *Orientations pour des années décisives*, 1982].

[12] Cfr. K. MARX, *Zur Kritik der Hegelschen Rechtsphilosophie. Einleitung*, 1844, in *Marx Engels Werke*, Dietz Verlag, Berlin (Ddr) 1976, I, p. 380.

cato a corrispondere con le sue potenzialità inespresse, a diventare in atto come potrebbe e dovrebbe essere. È, in altre parole, il dissenso che resiste e non rifluisce; che, a differenza di quello della generazione del Sessantotto – passata ad amare il Grande Fratello – e della sua trasfigurazione del proprio fallimento in metafisica del disincanto permanente e dell'antiutopia, non si arrende e non si placa, ma persevera lungo la via dell'*obstinate contra*. Corrisponde allo stile di vita di chi, con le parole di Gramsci, non «baratta per niente al mondo» le proprie «convinzioni profonde»[13]: se lo facesse, non varrebbe nulla come uomo, o non varrebbero nulla le sue idee. La coerenza con sé e la sua fedeltà al proprio progetto sono i tratti che piú caratterizzano il vero ribelle.

Conservandosi oltre il radicalismo del momento magico della giovinezza, il dissenso si consolida nella passione durevole della critica, nella ferma consapevolezza che la vera schiavitú consiste nell'inerte attesa di qualcuno che venga a liberarci. Può produrre fallimenti, ma mai tradimenti; sconfitte, ma mai rinunce. Come ricorda Hegel nelle *Lezioni sull'estetica*[14], l'eroe è colui il quale, quand'anche sia stato privato di tutto, non ha perso se stesso. Certo, non sempre i ribelli del dissenso riescono a cambiare il mondo. Ma mai il mondo potrà cambiare i veri ribelli.

[13] A. GRAMSCI, lettera al fratello Carlo, 12 settembre 1928, in ID., *Lettere dal carcere*, a cura di S. Caprioglio ed E. Fubini, Einaudi, Torino 1975, pp. 117-18.
[14] Cfr. G. W. F. HEGEL, *Estetica*, Bompiani, Milano 2012, p. 509 [ed. or. *Vorlesungen über die Ästhetik*, 1817-29].

Bibliografia essenziale

Forniamo qui di seguito alcune indicazioni bibliografiche essenziali sul tema del dissenso. Prive di ogni pretesa di esaustività, esse non si prefiggono altro scopo all'infuori della segnalazione di possibili piste per approfondire i temi di cui ci siamo occupati nel nostro saggio.

AA.VV., *Marx, Freud: dissidenza o dissenso?*, Marsilio, Venezia 1978.

AA.VV., *Konsens und Dissens in der politischen Bildung*, Metzler, Stuttgart 1987.

AA.VV., *Acts of Dissent. New Developments in the Study of Protest*, Sigma, Berlin 1998.

AA.VV., *Piqueteros. La rivolta argentina contro il neoliberismo*, DeriveApprodi, Roma 2003.

AA.VV., *Dissidences*, PUF, Paris 2005.

AA.VV., *Basta. Divagazioni sul dissenso*, Lupetti, Milano 2011.

AA.VV., *Conformity and Dissent*, numero monografico della rivista «Teoria», n. 32, 2012.

AKE, C., *Political Obligation and Political Dissent*, in «Canadian Journal of Political Science», vol. II (1969), n. 2, pp. 245-55.

ARON, R., *L'oppio degli intellettuali*, Cappelli, Bologna 1958 [ed. or. *L'opium des intellectuels*, 1955].

ASCH, S. E., *Opinions and Social Pressure*, in «Scientific American», n. 193, 1955, pp. 31-55.

– *Studies of Independence and Conformity. A Minority of One against a Unanimous Majority*, in «Psychological Monographs», n. 70, 1956, pp. 1-70.

BALANDIER, G., *Società e dissenso*, Dedalo, Bari 1977.

BANNET, E. T., *Structuralism and the Logic of Dissent. Barthes, Derrida, Foucault, Lacan*, Macmillan, London 1989.

BASSIOUNI, M. C. (a cura di), *The Law of Dissent and Riots*, Thomas, Springfield 1971.

BATESON, F. W., *Essays in Critical Dissent*, Longman, London 1972.

BAUMAN, Z., *La decadenza degli intellettuali. Da legislatori a interpreti*, Bollati Boringhieri, Torino 1992 [ed. or. *Legislators and Interpreters. On Modernity, Post-Modernity and Intellectuals*, 1987].

BENDA, J., *Il tradimento dei chierici*, Einaudi, Torino 1976 [ed. or. *La trahison des clercs*, 1927].

BIANCHI, G., *L'Italia del dissenso*, Queriniana, Brescia 1969.

BLEIKER, R., *Popular Dissent, Human Agency and Global Politics*, Cambridge University Press, Cambridge 2000.

BOLLON, P., *Esprit d'époque. Essai sur l'âme contemporaine et le conformisme naturel de nos sociétés*, Seuil, Paris 2002.

BOSMAJIAN, H. A., *Dissent. Symbolic Behavior and Rhetorical Strategies*, Greenwod Press, Westport 1980.

BRABAZON, T., *The Revolution will not be Downloaded. Dissent in the Digital Age*, Chandos, Oxford 2008.

BUSATTA, M., *Il lavaggio dei cervelli. Consenso e dissenso nella società d'oggi*, Marietti, Torino 1978.

BUZZANCO, R., *Masters of War. Military Dissent and Politics in the Vietnam Era*, Cambridge University Press, Cambridge 1996.

CALABRÒ, A., *Dissensi. Sulle orme di Bartleby*, L'Ancora del Mediterraneo, Napoli 2002.

CAMUS, A., *L'uomo in rivolta*, Bompiani, Milano 2012[8] [ed. or. *L'homme révolté*, 1951].

CANCELLI, F., *Dissenso. Profilo storico*, Giuffrè, Milano 1964.

CANTOR, N. F., *The Age of Protest. Dissent and Rebellion in the Twentieth Century*, Allen & Unwin, London 1970.

CAPUTO, S., FUSARO, D. e VITELLI, L., *Pensiero in rivolta. Dissidenza e spirito di scissione*, Barbera, Modena 2014.

CARUNCHO, C., *Novos dereitos. Igualdade, diversidade e disidencia*, Tórculo, A Coruña 1998.

CHIODI, G. M., *Tacito dissenso*, Giappichelli, Torino 1990.

CHRISTENSEN, D. e LACKEY, J. (a cura di), *The Epistemology of Disagreement. New Essays*, Oxford University Press, Oxford 2013.

CHRISTIE-MURRAY, D., *I percorsi delle eresie. Viaggio nel dissenso religioso dalle origini all'età contemporanea*, Mondolibri, Milano 1999 [ed. or. *History of Heresy*, 1989].

CIARAMELLI, F. e OLIVIERI, U. M., *Il fascino dell'obbedienza. Servitú volontaria e società depressa*, Mimesis, Milano 2013.

CIMDINA, A. e OSMOND, J. (a cura di), *Power and Culture. Hegemony, Interaction and Dissent*, Plus, Pisa 2006.

COHEN, M. R., *The Meaning of Human History*, The Open Court Publishing Company, La Salle 1947.

COMMAGER, H. S., *Il pericolo del conformismo*, il Mulino, Bologna 1956 [ed. or. *Freedom, Loyalty, Dissent*, 1954].

CONFIANT, R., *La dissidence*, Pocket, Paris 2004.

CONYBEARE, F. C., *Russian Dissenters*, Harvard University Press, Cambridge (Mass.) 1921.

COOPER, D., *Chi sono i dissidenti*, Stampa Alternativa, Roma 1978 [ed. or. *Qui sont les dissidents*, 1977].

COPELAND, R. (a cura di), *Criticism and Dissent in the Middle Ages*, Cambridge University Press, Cambridge 1996.

COSI, G., *Saggio sulla disobbedienza civile. Storia e critica del dissenso in democrazia*, Giuffrè, Milano 1984.

COTTINO, P., *La città imprevista. Il dissenso nell'uso dello spazio urbano*, Eleuthera, Milano 2003.

COULTON, G. G., *The Inquisition*, Benn, London 1929.

COWHERD, R. G., *The Politics of English Dissent*, New York University Press, New York 1956.

CRAM, I., *Terror and the War on Dissent. Freedom of Expression in the Age of Al-Qaeda*, Springer, Berlin 2009.

CUNNINGHAM, V., *Everywhere Spoken against. Dissent in the Victorian Novel*, Clarendon, Oxford 1975.

DAHL, R. H. (a cura di), *Political Opposition in Western Democracies*, Yale University Press, New Haven 1966.

D'ARCUS, B., *Boundaries of Dissent. Protest and State Power in the Media Age*, Routledge, London 2006.

DE BENOIST, A., *Elogio de la disidencia*, Fides, Tarragona 2015.

DEGENHARDT, H. W. (a cura di), *Political Dissent. An International Guide to Dissent, Extra-parliamentary, Guerrilla and Illegal Movements*, Longman, Harlow 1983.

DE LA BOÉTIE, É., *Discorso della servitú volontaria*, Feltrinelli, Milano 2014 [ed. or. *Discours de la servitude volontaire*, 1576].

DEMISOFF, R. S. e MERTON, K. R. (a cura di), *The Sociology of Dissent*, Harcourt Brace Jovanovich, New York 1974.

DE SANCTIS, F., *Consenso-dissenso*, in G. ZACCARIA (a cura di), *Lessico della politica*, Lavoro, Roma 1987, pp. 96-105.

DE TOCQUEVILLE, A., *La democrazia in America*, Rizzoli, Milano 1992 [ed. or. *De la démocratie en Amérique, 1835-1840*].

DONAGGIO, E., *Direi di no. Desideri di migliori libertà*, Feltrinelli, Milano 2016.

DONSKIS, L., *Loyalty, Dissent, and Betrayal*, Rodopi, Amsterdam 2005.

EAGLETON, T., *Figure del dissenso. Saggi critici su Fish, Spivak, Žižek e altri*, Meltemi, Roma 2006 [ed. or. *Figures of Dissent. Reviewing Fish, Spivak, Žižek and Others*, 2003].

ECO, U., LIVOLSI, M. e PANOZZO, G., *Informazione. Consenso e dissenso*, il Saggiatore, Milano 1979.

EMERY, N., *Per il non conformismo. Max Horkheimer e Friedrich Pollock. L'altra Scuola di Francoforte*, Castelvecchi, Roma 2015.

ESPARZA, J. J., *Curso general de disidencia. Apuntes para una visión del mundo alternativa*, El Emboscado, Madrid 1997.

FELDMAN, R. e WARFIELD, T. A. (a cura di), *Disagreement*, Oxford University Press, Oxford 2010.

FELIX, D., *Protest. Sacco-Vanzetti and the Intellectuals*, Indiana University Press, Bloomington 1965.

FEUER, L. S., *Spinoza and the Rise of Liberalism*, Beacon Press, Boston 1958.

- *The Conflict of Generations*, Basic, New York 1969.

- *Marx and the Intellectuals*, Garden City, New York 1969.

FINI, M., *Il ribelle. Dalla A alla Z*, Marsilio, Venezia 2006.

FINZSCH, N., *Konsolidierung und Dissens*, Lit, Münster 2005.

FORTIN, E. L., *Dissent and Philosophy in the Middle Ages. Dante and His Precursors*, Lexington, Lanham 2002.

FREIDEL, F., MERK, F. e MORISON, S. E. (a cura di), *Dissent in three American Wars*, Harvard University Press, Cambridge (Mass.) 1970.

FROMM, E., *La disobbedienza come problema psicologico e morale*, 1963, in ID., *La disobbedienza e altri saggi*, Mondadori, Milano 1982 [ed. or. *Disobedience as a Psychological and Moral Problem*, 1963].

GABURRI, E. e AMBROSIANO, L., *Ululare con i lupi. Conformismo e rêverie*, Mimesis, Milano 2014.

GARGIULO, M. L., *L'antiburattinaio. Pasolini e le ragioni del dissenso*, Edi Let, Roma 2008.

GOERTZ, H.-J. e STAYER, J. M. (a cura di), *Radikalität und Dissent im 16. Jahrhundert*, Duncker & Humblot, Berlin 2002.

GOFFMAN, E., *La vita quotidiana come rappresentazione*, il Mulino, Bologna 1986 [ed. or. *The Presentation of Self in Everyday Life*, 1959].

GOODMAN, P., *La gioventú assurda*, Einaudi, Torino 1964 [ed. or. *Growing up Absurd*, 1962].

GRACIA, J., *El valor de la disidencia*, Planeta, Barcelona 2007.

GREENBERG, I., *The Dangers of Dissent. The FBI and Civil Liberties since 1965*, Lexington, Lanham 2010.

GUTMANN, A. e THOMPSON, D., *Democracy and Disagreement*, Harvard University Press, London 1996.

HANDS, J., *@ is for Activism. Dissent, Resistance and Rebellion in a Digital Culture*, Pluto Press, London 2011.

HEYTING, F. e WINCH, C., *Conformism and Critique in Liberal Society*, Blackwell, Oxford 2005.

HIRSCHMAN, A., *Lealtà, defezione, protesta*, Bompiani, Milano 1982 [ed. or. *Exit, Voice and Loyalty*, 1970].

HOGAN, P. C., *The Culture of Conformism. Understanding Social Consent*, Duke University Press, London 2001.

HSIAO, A. e LIM, A., *Il libro del dissenso*, Fandango, Roma 2011 [ed. or. *The Verso Book of Dissent. From Spartacus to the Shoe-Thrower of Baghdad*, 2010].

HUCKFELDT, R. e JOHNSON, P. E., *Political Disagreement. The Survival of Diverse Opinions within Communication Networks*, Cambridge University Press, Cambridge 2004.

HUGHES, H. S., *Sophisticated Rebels. The Political Culture of European Dissent (1968-1987)*, Harvard University Press, London 1988.

JEANNERET, M., *Éros rebelle. Littérature et dissidence à l'âge classique*, Seuil, Paris 2003.

JÜNGER, E., *Trattato del ribelle*, Adelphi, Milano 2007 [ed. or. *Der Waldgang*, 1951].

KAHN, J.-F., *Les rebelles. Celles et ceux qui ont dit non*, Plon, Paris 2001.

KENDALL, R. D., *The Drama of Dissent. The Radical Poetics of Nonconformity, 1380-1590*, University of North Carolina Press, London 1986.

KENISTON, K., *Youth and Dissent. The Rise of a New Opposition*, Jovanovich, New York 1971.

KERSHAW, I., *Popular Opinion and Political Dissent in the Third Reich. Bavaria 1933-1945*, Clarendon, Oxford 1985.

KINDLER, H. S., *Gestire costruttivamente il dissenso. Come affrontare e risolvere il conflitto organizzativo*, Franco Angeli, Milano 2000 [ed. or. *Managing Disagreement Constructively*, 1988].

KNUD, H., *Enlightenment and Religion. Rational Dissent in Eighteenth-century Britain*, Cambridge University Press, Cambridge 1996.

KOENSLER, A. e ROSSI, A., *Comprendere il dissenso. Etnografia e antropologia dei movimenti sociali*, Morlacchi, Perugia 2012.

KOM, A., *Le devoir d'indignation. Éthique et esthétique de la dissidence*, Présence africaine, Paris 2012.

LA MANTIA, B. (a cura di), *Poeti del dissenso*, Traccedizioni, Piombino 1987.

LANGERAK, E., *Civil Disagreement. Personal Integrity in a Pluralistic Society*, Georgetown University Press, Georgetown 2014.

LARSEN, ø., *Right to Dissent*, Chicago University Press, Chicago 2009.

LAUDANI, R., *Disobbedienza*, il Mulino, Bologna 2010.

LECOURT, D., *Dissidence ou révolution?*, Maspero, Paris 1978.

LEFF, G., *Heresy in the Later Middle Ages. The Relation of Eterodoxy to Dissent c. 1250 - c. 1450*, Manchester University Press, Manchester 1967.

LINCOLN, A., *Some Political and Social Ideas of English Dissent, 1763-1800*, Cambridge University Press, Cambridge 1938.

LÓPEZ DE LA OSA, J. R., *Disidencia y democracia. Confictividad y creatividad éticas*, El Perpetuo Socorro, Madrid 1997.

LOWELL, M., *The Language of Dissent*, World Publishing, New York 1959.

LUCAS, S., *The Betrayal of Dissent. Beyond Orwell, Hitchens and the New American Century*, Pluto, London 2004.

LUCKNER, A. (a cura di), *Dissens und Freiheit. Kolloquium politische Philosophie*, Leipziger Universitätsverlag, Leipzig 1995.

LUKE, T. W., *Social Theory and Modernity. Critique, Dissent and Revolution*, Dage, Newbury Park 1990.

LÜSSY, H., *Aufsässigkeit. Plädoyer für das Widersacherische aus theologischer Sicht*, Eichbauer, Wien 2001.

MACEDO, S. (a cura di), *Deliberative Politics. Essays on Democracy and Disagreement*, Oxford University Press, Oxford 1999.

MARCUSE, H., *L'uomo a una dimensione. L'ideologia della società industriale avanzata*, Einaudi, Torino 1967 [ed. or. *One-Dimensional Man. Studies in the Ideology of Advanced Industrial Society*, 1964].

MARREY, J.-C., *Petit traité de dissidence spirituelle*, Tarabuste, Saint-Benoît-du-Sault 2014.

MARYVONNE, D.-J., *Antigone ou l'aube de la dissidence*, L'Harmattan, Paris 2000.

MASON, A., *Explaining Political Disagreement*, Cambridge University Press, Cambridge 1993.

MAURIN, E., *La fabrique du conformisme*, Seuil, Paris 2015.

MCFARLANE, K. B., *The Origins of Religious Dissent in England*, Collier, New York 1996.

MCLAREN, P., *Revolutionary Multiculturalism. Pedagogies of Dissent for the New Millennium*, Westview, Oxford 1997.

MCLENNAN, B. N., *Political Opposition and Dissent*, Dunellen Publishing Company, London 1973.

MCMAHON, C., *Reasonable Disagreement. A Theory of Political Morality*, Cambridge University Press, Cambridge 2009.

MILL, J. S., *Sulla libertà*, Bompiani, Milano 2000 [ed. or. *On Liberty*, 1859].

164   Bibliografia essenziale

MILLER, M., *Dissens. Zur Theorie diskursiven und systemischen Lernens*, Transcript, Bielefeld 2006.

MORELLI, U., *Contro l'indifferenza. Possibilità creative, conformismo, saturazione*, Cortina, Milano 2013.

MOSCOVICI, S., *Psicologia delle minoranze attive*, Bollati Boringhieri, Torino 1981.

– *Dissensi e consensi. Una teoria generale delle decisioni collettive*, Bollati Boringhieri, Torino 1992.

MOUTSÓPOULOS, E., *Conformisme et déformation. Mythes conformistes et structures déformantes*, Vrin, Paris 1978.

MUCCHI FAINA, A., *L'influenza sociale*, il Mulino, Bologna 1996.

– *Il conformismo*, il Mulino, Bologna 1997.

MULLETT, M., *Dissenso religioso e società civile. Movimenti religiosi radicali in Europa nella prima età moderna*, il Mulino, Bologna 1983 [ed. or. *Radical Religious Movements in Early Modern Europe*, 1980].

MUSCETTA, C., *Gli eredi di Protopopov. Dissensi, consensi, indignazioni*, Lerici, Cosenza 1977.

NEDERMAN, C. J. e LAURSEM, J. C. (a cura di), *Difference and Dissent. Theories of Toleration in Medieval and Early Modern Europe*, Rowman, Lanham 1996.

NICOLAS, J., *La rébellion française. Mouvements populaires et conscience sociale, 1661-1789*, Seuil, Paris 2002.

OBER, J., *Political Dissent in Democratic Athens. Intellectual Critics of Popular Rule*, Princeton University Press, Princeton 1998.

ORTEGA Y GASSET, J., *La ribellione delle masse*, SE, Milano 2001. [ed. or. *La rebelión de las masas*, 1929].

ORWELL, G., *1984*, Mondadori, Milano 2009 [ed. or. *1984*, 1948].

PEARSE, M. T., *Between Known Men and Visible Saints. A Study in Sixteenth-Century English Dissent*, Fairleigh Dickinson University Press, Teaneck 1994.

PERUCCHIETTI, E., *Governo globale. La storia segreta del nuovo ordine mondiale*, Arianna, Bologna 2012.

– e MARLETTA, G., *La fabbrica della manipolazione. Come i poteri forti plasmano le nostre menti per renderci sudditi del Nuovo Ordine Mondiale*, Arianna, Bologna 2014.

– *Unisex. La creazione dell'uomo senza identità*, Arianna, Bologna 2015 [prima ed. 2014].

PETROCELLI, E., *Pinocchio contro Pinocchio. Saggio sulla disubbidienza e il conformismo*, Enne, Campobasso 1981.

POPPI, A., *Alle radici etiche del dissenso*, Studium, Roma 1980.

PREVE, C., *Destra e sinistra. La natura inservibile di due categorie tradizionali*, C.R.T., Pistoia 1998.

– *Le stagioni del nichilismo. Un'analisi filosofica ed una prognosi storica*, C.R.T., Pistoia 1998.

– *Il ritorno del clero. La questione degli intellettuali oggi*, C.R.T., Pistoia 1999.

RADERMACHER, H., *Rationalität und Dissens*, Lang, Berlin 2004.

RAMSBOTHAM, O., *Transforming Violent Conflict. Radical Disagreement, Dialogue and Survival*, Routledge, London 2010.

RAMUZ, C.-F., *Conformisme*, La Guêpine, Loches 2013.

REDDAWAY, P. (a cura di), *Uncensored Russia. The Human Rights Movement in the Soviet Union*, Cape London, London 1972.

RIZZUTO, F. e TIROCCHI, S., *L'insostenibile conformismo dei media? Una lettura sociologica*, Bonanno, Catania 2013.

ROBIN, C., *La gauche du capital. Libéralisme culturel et idéologie du marché*, Krisis, Paris 2014.

ROUTLEY, E., *English Religious Dissent*, Cambridge University Press, Cambridge 1960.

RUSSELL, J. B., *Dissent and Reform in the Early Middle Ages*, University of California Press, Berkeley 1965.

SANTARELLI, E., *Consenso e dissenso*, in «Ulisse», n. 82, 1976, pp. 39-46.

SARTRE, J.-P., *Critica della ragione dialettica*, il Saggiatore, Milano 1963, 2 voll. [ed. or. *Critique de la raison dialectique*, 1960].

SCATAMACCHIA, C., *Politics e Liberation. Il dissenso intellettuale negli Usa durante la guerra fredda*, Franco Angeli, Milano 1993.

SCHAPIRO, J. S., *Movements of Social Dissent in Modern Europe*, Van Nostrand, Princeton 1962.

SERRA, T., *Dissenso e democrazia. La disobbedienza civile*, Nuova Cultura, Roma 2010.

SIMONE, A., *Divenire sans papiers. Sociologia dei dissensi metropolitani*, Mimesis, Milano 2002.

SUNSTEIN, C. R., *Why Societies Need Dissent*, Harvard University Press, London 2003.

TERSMAN, F., *Moral Disagreement*, Cambridge University Press, Cambridge 2006.

THOMPSON, D. M. (a cura di), *Nonconformity in the Nineteenth Century*, Routledge & Kegan Paul, London 1972.

THOREAU, H. D., *Disobbedienza civile*, SE, Milano 1992 [ed. or. *Civil Disobedience*, 1849].

TITONE, V., *Il conformismo*, Longanesi, Milano 1966.

TOKÉS, R. L., *Dissent in the Ussr. Politics, Ideology, and People*, The Johns Hopkins University, Baltimore 1975.

TOPÇU, A. N., *Conformisme et révolte. Esquisse d'une psychologie de la croyance*, Éditions Ministère de la Culture, Ankara 1990.

TRONTI, M., *Operai e capitale*, DeriveApprodi, Roma 2006 [prima ed. 1966].

VALENT, I., *Dire di no. Filosofia, linguaggio, follia*, a cura di R. Màdera, Moretti e Vitali, Bergamo 2007.

VALITUTTI, S., *Potere e conformismo*, Bulzoni, Roma 1983.

VERSTRYNGE, J., *R. Rebeldes, revolucionarios y refractarios. Ensayo sobre la disidencia*, Ediciones de Intervención Cultural, Mataró 2006.

VITELLI, L. e CHINAPPI, A., *Neolingua. La cultura dominante dalla A alla Z*, Circolo Proudhon, Roma 2014.

WALDRON, J., *Law and Disagreement*, Clarendon Press, Oxford 1999.

WOOD, P. (a cura di), *Science and Dissent in England. 1688-1945*, Ashgate, Aldershot 2004.

WRIGHT, J. D., *The Dissent of the Governed*, Academic Press, New York 1976.

YOUNG, A. F. (a cura di), *Dissent. Explorations in the History of American Radicalism*, Northern Illinois University Press, DeKalb 1969.

ZAMPERINI, A., *L'indifferenza. Conformismo del sentire e dissenso emozionale*, Einaudi, Torino 2007.

ZANGRILLI, V., *Pedagogia del dissenso*, La Nuova Italia, Firenze 1973.

ZINN, H., *Dissento. Storie di artisti in tempo di guerra*, Nuovi Mondi, San Lazzaro di Savena 2005 [ed. or. *Artists in Times of War*, 2003].

*Stampato per conto della Casa editrice Einaudi
presso ELCOGRAF S.p.A. - Stabilimento di Cles (Tn)*

C.L. 22831

Ristampa

7   8   9   10

Anno

2019   2020   2021